KB162958

파리든 목동이든 아무렴 어때

파리든 목동이든 아무렴 어때

1판 1쇄 인쇄 | 2020년 7월 10일
1판 1쇄 발행 | 2020년 7월 25일

지은이 정현미

펴낸이 송영만
디자인자문 최웅림
기획 송형근
편집 송형근 김미란 이상지 이태은

펴낸곳 효형출판
출판등록 1994년 9월 16일 제406-2003-031호
주소 10881 경기도 파주시 회동길 125-11(파주출판도시)
이메일 editor@hyohyung.co.kr
홈페이지 www.hyohyung.co.kr
전화 031 955 7600 | 팩스 031 955 7610

ⓒ정현미, 2020
ISBN 978-89-5872-171-0 03300

값 13,500원

이 도서의 국립중앙도서관 출판예정도서목록(CIP)은 서지정보유통지원시스템 홈페이지
(http://seoji.nl.go.kr)와 국가자료공동목록시스템(http://www.nl.go.kr/kolisnet)에서
이용하실 수 있습니다.(CIP제어번호: CIP2020028162)

파리든 목동이든 아무렴 어때

정현미 지음

효형출판

나는 당신의 해시태그

새해 첫날부터 총을 든 테러리스트에게 쫓기는 꿈을 꿨다. 나는 파리에서 5년간 살던 집으로 가는 길목에 있었다. 자연스럽게 지하철역을 나와 익숙한 골목으로 들어가며 집으로 돌아가는 기분을 만끽했다. 그때, 뒤에서 폭약 터지는 굉음과 사람들의 비명이 들렸다. 어느새 나도 놀란 표정으로 달리는 사람들 사이에 섞여 발을 움직이고 있었다. 점점 다가오는 총성을 피해 비탈길을 달리고 또 달렸다. 소리를 지르며 아무 문이나 마구 두드렸다. 그렇게 들어간 낯선 집 뜰 안에서 바들바들 떨다가 '탕' 소리에 화들짝 놀라 눈을 뜨는 게 새해 첫 기억이었다.

만약 프로이트Sigmund Freud, 1856~1939가 이 이야기를 들었다면, 심각한 표정으로 파리와 테러에 대해 되물을 것이다. 파리의 뒷골목은 대체 언제부터 내 무의식 속 테러의 표적이 됐던 걸까. 나는 이유를 알 수 없었다.

파리-소르본 대학Université Paris-Sorbonne에 입학 허가를 받은 2011년부터 나는 제자리에서 발만 구르며 달리고 있었다. 내달리기만 했던 한국과 달리 비교적 천천히 내딛으라 조언하는 프랑스에서도 일상은 나를 쫓았다. 자꾸 마음만 조급해져 어쩔 줄

몰랐다. 온 힘을 다해도 나아가지 못했다. 달리고 달려도 길은 끝이 보이지 않았고, 어둠만 가득했다. 쫓기는 꿈을 꿨던 건 어쩌면 절망하고 있던 내 무의식의 구조 신호일지도 모른다. 그렇게 알 수 없는 것들에 짓눌릴 때마다, 어른들은 힘든 시간 다음에는 언제나 보상이 기다린다는 말로 나를 위로해 주려 했다. 하지만 막연하게 기다려도 결과는 언제나 나를 만족시키지 못했다.

한번은 수학능력시험을 망치고 펑펑 우는 친구에게 지인이 이런 위로를 했다.

"수능을 망치지 않는 게 가능할까? 고등학교 내내
모의고사를 그렇게 많이 보는데, 수능 점수가 제일 높을
확률이 얼마나 될까?"

실제로 그랬다. 주변 어디에서도 수능 성적이 모의고사보다 잘 나왔다는 이야기는 없었다. 결과에 승복하지 못하면 다시 시험을 치든가, 혹은 학교를 다니면서 편입을 계획한다. 그렇게 학교를 나온다고 해도 달라지는 건 없다. 졸업, 입사, 승진까지. 매 과정 시험과 마주한다. 우리 인생은 그 하루로 갈리는

걸까. 나는 시험이라는 제도를 뒤집어 보고 싶었다. 어째서 그런 시스템이 생길 수밖에 없었는지, 이대로 순응하며 살아야 하는지 알고 싶었다. 답을 찾기 위해 사회학으로 진로를 바꾸고 파리로 떠났다. 근대 혁명의 시작점에서 위대한 사상가들의 길을 따라 걸으면, 새로운 사회를 만들었던 혁명가들의 흔적을 발견할 수 있을 것 같았다.

그러나 내 삶을 파리로 옮기고 진로를 변경해도 달라지는 것은 없었다. 다시 레일에 오르고 궤도를 따라 달리고 있었다. 어느새 초심은 잊혀지고, 내 손에는 새로운 시험지가 쥐어져 있었다. 목적은 방향을 잃었고 나는 다시 수동적으로 흘러갔다. 학위를 얻고, 원서를 넣는다. 발신인이 학교에서 회사로 바뀌었을 뿐. 언제나 뒷면을 보지 않아도 결과가 보이는 허탈한 선택지 앞에 있었다.

프랑스에서 한군데만이라도 불러주길 바라며 하루 수십, 수백 통의 이력서를 보냈다. 청춘에게 유효한 건 한 달에 88만원도 안 되는 577.50유로의 급여가 책정된 인턴 계약서뿐이었다. 염가에 팔려 나가는 친구들의 미래, 개인이 알아서 살 길을 찾아야 하는 교육 시스템 사이에서 다시 고분고분해지는 스스로를 원망했다. 그리고 졸업을 위해 최저 시급도 안 되는 3유로 인턴에 굴복했던 그날, 언제나처럼 인생의 합격자 명단에서 내 이름만 찾고 있다는 걸 깨달았다.

문득, 꿈속 어두운 골목에서 나를 쫓던 존재는 다름 아닌 나 자신이 아니었을까 하는 생각이 든다. 그곳에는 파리가 있었다. 사회학과에 입학한 후 파리는 더 특별한 의미로 다가왔다. 학교가 시내에 있었기에 파리는 자연스레 나의 탐구 대상 1위가 되었다. 지식과 사례가 머릿속에 차곡차곡 쌓이고, 외지인의 시각으로 도시를 탐구하는 취미도 생겼다. 전공 교수의 지도에 따라 시청에서 부탁한 연구를 진행하기도 했다. 학교나 시청을 업고 완장을 차면 나 자신이 대단한 무언가라도 된 것 같았다. 그러나 그건 나를 3유로짜리 인생으로 몰아가는 덫이었다.

나는 언제나 부족했다. 사회학 석사 과정을 보내던 어느 날, 관광 가이드 자격증이 나오는 학교 입학 시험을 본 적이 있다. 파리에서 관광 가이드는 자투리 시간을 활용해서 수익을 올리기 좋은 부업이다. 좋아하는 일을 하면서 부수적인 수입도 얻는다. 나는 그런 자리가 필요했다. 그러나 그런 일이 나에게만 매력적이진 않았을 터. 아니나다를까 수천 명의 경쟁자들이 있었다. 대부분 역사학 박사, 교사 출신 할아버지 등 이미 직업을 가졌지만 다른 소일거리도 필요한 사람들이었다. 나와 비슷한 석사 과정 대학원생은 차고 넘쳤다. 대체 이 자리에 모인 이들에게 부족한 게 뭘까. 좋아하는 일을 해서는 만족할 만한 벌이를 기대할 수 없는 사회가 문제인지, 마땅한 직업을 찾지 못한 개인이 문제인지 알 수 없었다.

프랑스에서 학부 1학년 학생이 대학원 석사까지 꾸준히 공부해 살아남을 확률은 아주 낮다. 그렇다고 그들이 대단한 사람이라는 뜻은 아니다. 학과 공부가 쉽지 않은 것은 사실이지만, 자발적으로 포기하는 사람이 많았다. 무엇보다 학위는 그저 학위일 뿐, 일자리를 보장해주지 않았다.

나는 이제 학위 대신 먹고살 방법을 찾아야 했다. 그렇게 무작정 학교 밖으로 나왔다. 이후 콘텐츠 만드는 회사에 들어갔지만, 얼떨결에 관심도 없던 무역 파트를 맡게 됐다. 남의 돈을 받는다는 건 그런 의미다. 하고 싶은 게 있다면, 직접 나만의 아이템을 찾아 회사를 꾸려야 했다.

그렇게 지금 하고 있는 미미씨MIMICI가 시작되었다. 미미씨는 가족의 터전인 서울 목동의 골목에 자리 잡고 있다. 이곳에서는 공간을 기반으로 콘텐츠를 제작한다. 아울러, 머물 곳이 없어 어려웠던 시절을 떠올리며 다른 제작자들에게도 빌려줄 수 있는 장소로 꾸몄다. 애초 취지와 달리 이곳에서 커피를 타는 때도 있지만.

이 책에는 달라지는 프랑스에 맞춰 변하는 파리의 이야기가 숨어 있다. 사회학 전공자이자 관광 기획, 개발자로서 찾은 의미 있는 과거들을 통해, 혁명 이후 파리는 어떻게 진화했는지, 사람들은 어떻게 달라졌는지를 고민했다. 여기에 우리의 미래가 있다고 생각했기 때문이다.

옳고 그름의 개인적 판단은 마음속에 잠시 넣어두었다. 아무리 잘못된 선택이라도 시대가 요구하는 정신이 있다면 판단이 아니라 이해를 구해야 한다. 나는 이 책에서 그 이유를 같이 고민해 봤으면 한다. 아울러 한국인으로 태어나고 자란 우리에게, 파리가 던지는 질문을 담았다. 비슷하면서도 다른 프랑스를 통해 우리가 한국 사회에 느끼는 불합리와 좌절의 정체가 무엇인지 같이 생각하고 싶다. 지금 젊은 세대에게 새로운 도시와 공간이 왜 필요한지도 말하고 싶다.

학업 때문이었다지만 나는 지나치게 학교에 오래 있었다. 파트타임 잡과 계약직, 프리랜서 정도가 사회 경험의 전부인 내가 '시대 고민'을 말해도 될지 고심했다. 직접 만나고 겪은 협소한 인간상과 도시의 이야기를 다룰 예정이지만, 그래도 공인된 도표와 기술을 차용해 객관성을 더했다. 근대를 거쳐 세계화가 깊숙이 스며든 오늘날, 한 번쯤 고민해 볼 만한 사례들로 추렸다.

무엇보다 이 이야기들은 갈팡질팡하는 현대의 2030세대를 위한 고찰이다. 나는 아직도 젊음은 본디 힘든 것이며, 삶이 원래 그렇다는 어른들의 말을 믿고 싶다. 그리고 다시 시작할 준비도 됐다. 새로운 갈래를 다잡으며, 생각을 다시 풀어 보는 건 의미 있는 작업이 될 거라 믿는다.

무엇보다 나를 견디게 한 이야기들이 당신에게도 힘이 됐으면.

2020년 7월
정현미

목차

프롤로그

나는 당신의 해시태그 14

1.

잠시라도 낭만
==========

지구에서 달까지 1865 31

고서 사냥꾼의 하루 37

평범한 찻잔의 여정 51

진짜와 가짜의 차이 57

베르사유의 장미 69

1789년이 떠오르는 이유 81

2.

어제와 다른 오늘
==========

별 水가 없으면 99

우리 둘째가 생선 장수랍니다 109

니콜라는 행복할까 119

에펠이 130년을 살아남은 이유 127

보보의 속뜻 135

의미 없는 선 긋기 145

3.
슬프지만 진실

어긋난 작명 센스 161

메이드 인 프랑스 171

놀이동산에서 온 초대장 179

봉쥬르 VS 니하오 193

어느 20대의 이야기 201

에필로그

우리는 빠리의 택시운전사가 될 수 없다 214

미주 234

참고문헌 237

파리에서는 매일 새로운 기억이 만들어진다.
추억은 스미듯 골목에 묻어
이야기가 남는다.

1.

잠시라도 낭만

1

지구에서 달까지 1865

타인의 서가를 구경하는 것은 도시를 탐험하는 것과 같다. 거대한 책 더미를 보면 숨이 턱 막힌다. 제목이나 내용 등 세밀한 부분은 처음에는 눈에 잘 들어오지 않는다. 그래도 분명 어딘가에는 한눈에 쏙 들어오는 책이 있기 마련이다. 도시도 마찬가지다. 마음에 드는 곳에 스미듯 멈추면 그 속사정이 보인다. 본능적으로 끌리는 공간을 찾아 골목을 누비다 보면 애정이 점점 깊어진다. 파리는 나에게 그런 존재였다.

2019년 늦은 봄비가 내리던 날, 같은 학교 출신 N에게서 연락이 왔다. 우리는 지금은 소르본 유니버시티Sorbonne Université로 이름이 바뀐 파리-소르본 대학에서 처음 만났다. N은 나보다

1년 먼저 파리에서 공부를 시작했다. 서로 전공이 달랐기에 학교에서는 만날 일이 거의 없었지만, 서로 국적이 같다는 이유로 오지랖 넓은 프랑스인의 소개를 받아 친구가 됐다. '같은 학교를 다니는 흔치 않은 한국인'이라는 동질감이 우리 사이를 더 돈독하게 했다. 이후 N은 존재만으로 유학 생활 내내 위로가 되었다.

"언니, 쥘 베른Jules Verne, 1828~1905 좋아하지 않아요?"

"갑자기 왜? 당연히 좋아하지. 작년 여름에 쥘 베른 생가 찾으려고 낭트Nantes¹까지 갔던 거 기억하지?"

"기억하죠. 지금 J네 할아버지 집인데, 여기 쥘 베른 책이 엄청 많아서 연락했어요. 언니한테 한 권 가져다줄까 해서요."

J 역시 나와 같은 학교 출신이다. N과 J는 서로 친했고, 덕분에 우리 셋은 자연스레 아는 사이가 됐다. 그렇게 J 가족이 뤽상부르 공원Jardin du Luxembourg 옆에 있는 고급 아파트를 처분하게 된 사정도 알게 됐다. 그 집은 대를 이어 내려오던 집으로, 이번에 조부모님이 돌아가시면서 정리하게 되었다고 한다. J의 일가는 언제부터 그 아파트에 살았을까. 얼굴도 모르는 할아버지

의 석상이 놓인 벽난로를 보며 세월을 짐작할 뿐이다. 그 공간에는 가족의 기억과 추억이 함께 서려 있다.

이제는 골동품이 되어버린 가족의 흔적들을 하나씩 정리하다, 오래된 서가 차례가 됐다. 책장에 꽂힌 책들은 바다 건너 사는 지인에게까지 나눠줄 만큼 빼곡했다. 그중 백 년은 더 되어 보이는 책이 있었는데, 그 책만은 내 손에 쥐어질 때까지 새로운 주인을 찾지 못했다.

내가 받은 책은 1866년 인쇄된 쥘 베른의 『지구에서 달까지De la Terre à la Lune, 1865』 중 네 번째 판본이다. 제목 그대로 지구에서 달로 향하는 여정을 담고 있는 공상 과학 소설이다. 책에는 과학이 비약적으로 발전하던 19세기 프랑스가 녹아 있고, 출간 1년 만에 네 번째 증쇄를 바라던 당대 프랑스인들의 관심이 담겨 있다. 그러나 네 번째 판본이고 판화가 없는 문고판으로 제작됐기 때문에 소장 가치를 논하기 어려웠다.

다만 내게는 이 책이 매력적으로 다가왔다. 무려 작가가 살던 시대를 고스란히 담고 있는 책이다. 쥘 베른도, 그를 등단시킨 편집자 헤첼Pierre-Jules Hetzel, 1814~1886도 책의 탄생을 지켜봤을 것이다. 나는 책을 매개로 작가와 편집자의 시간을 공유하고 싶었다. 망설임 없이 160년 세월을 품에 안았다. 다른 책은 눈에 들어오지도 않았다.

많은 사연을 간직한 채 서가에 꽂혀 잊혀지던 책은 나를 따라 한국으로 오게 됐다. 기나긴 여정은 지인들 사이에서 대단한 이야깃거리가 되었고, 지금도 미미씨 손님에게 보물로 소개된다. 문득 궁금해진다. 이 책은 160년 세월을 거치면서 지금처럼 주목받았던 적이 있었을까. 인쇄소를 나와서 서점 진열장에 놓여졌을 때에도 산처럼 쌓인 책들 가운데 한 권에 불과했을 것이다. 우연히 J네 할아버지의 손에 들려서, 또 J와 N의 손을 거쳐 여기까지 오는 동안 대체 얼마나 많은 이야기를 담아 왔을까.

내가 책을 선택한 게 아니라 책이 나를 선택한 거라고 믿고 싶다. 원래 주인이 사라진 세상에 홀로 남은 모험 소설은 새 주인을 찾아 서재를 떠났다. 되도록 멀리 떠나고 싶었을 것이다. 그래야 주목을 받을 테니까. 그런 면에서 이 책은 성공했다. 태어난 지 160여 년 만에 지구 반대편으로 떠나, 진짜 모험 소설이라는 것을 증명했다.

나와 책의 만남이 서로에게 의미를 만든 것처럼, 모든 것에는 존재의 이유가 있다. 우리가 지금의 자리를 찾은 과정에도 수많은 선택과 나름의 이유가 있었다. 파리를 떠나 서울의 어느 서가에 자리잡은 『지구에서 달까지』는 볕 좋은 곳에 전시되어 있다. 세상에서 완전히 잊혀질 뻔했던 이 책은 누군가가 진가를 알아챘기에 가치가 생겼다. 나를 알아주는 사람들이 있을 때 갈피를 못 잡고 방황해도 길을 찾아갈 수 있다. 적어도 앞으로 다시 160년, 책과 나의 이야기가 잊히지 않고 다음 사람에게 전해질 수 있도록 인연을 단단히 다져 나가고 싶다.

물론, 노력은 오롯이 내 몫이다.

2

고서 사냥꾼의 하루

물건을 수집하는 취미를 가진 사람들에게 프랑스는 제법 괜찮은 나라다. 그중에서도 고서에 특화되어 있는데, 체인점부터 개인 판매자까지 다양한 중고 서적 업자들이 취미 생활을 지속할 수 있도록 자리를 지켜주고 있다. 학교가 있던 오데옹가 Rue de l'Odéon와 소르본 근처에는 개인 서점도 많다. 새책이든 헌책이든 가격은 주인이 정하고 소비자가 그 가격을 받아들이면 거래가 성사된다. 부르는 게 값이다 보니 종종 포장도 뜯지 않은 책이 반값에 팔리기도 하고, 누가 봐도 푼돈도 안 될 것 같은 허름한 책이 몇 곱절 비싼 가격에 올라와 있는 경우도 있다.

나는 오데옹가에 있는 모험 소설 전문점인 몬테 크리스토

Librairie Monte Cristo와 주인 아저씨의 이름을 딴 개인 서점인 헤펠 Librairie Rieffel을 제일 좋아했다. 그러나 안타깝게도 몬테 크리스 토에서는 한 번도 구매를 성공한 적이 없다. 좋아하는 것과 별 개로 그 서점에서 파는 희귀본은 내 주머니 사정으로 살 수 있는 가격이 아니었기 때문이다.

"오래되고 의미 있지만, 비싸지 않은 그런 책을 찾습니다."

그런 책은 찾기 어렵다. 전문가의 손을 거치면 항상 요금이 붙는다. 그 안에는 물건의 가치를 가늠하는 감정 비용이 포함되어 있다. 수고와 노력의 대가를 지불하기 어려우면 발품을 팔고 스스로 더 노력하는 수밖에 없다.

내 눈에 띈 곳은 다양한 물건들이 모이는 벼룩시장이었다. 이곳은 아마추어 수집가들에겐 꽤 괜찮은 사냥터다. 흥정에 성공하면 원하는 물건을 헐값에 구매할 수 있지만, 실패하면 아주 싸구려 물건을 비싼 값에 사기도 한다. 덕분에 실패와 성공, 실망과 기쁨이 한 끗 차이라는 사실을 배울 때가 많다. 이 사냥터에서 나의 유일한 목표는 안목을 새끼손톱만큼이나마 높

여서 다음 사냥의 성공 확률을 높이는 데에 있었다. 그리고 나처럼 시장을 떠도는 아마추어 대부분은 항상 가격을 저울질하며 로또를 사는 심정으로 물건을 구매한다.

세상에 쉬운 일은 없다. 프랑스 벼룩시장은 지역 내 가장 번화한 거리에서 주말에 불규칙하게, 그나마도 반짝 문을 연다. 장소를 무작위로 옮겨 다니기 때문에 괜찮은 사냥터를 찾는 것이 쉽지 않다. 따로 정해진 시간과 장소가 없으니 정보를 그때그때 찾아야 한다. 하지만 전문적으로 진행을 대행하는 업체가 따로 있을 정도로 제법 수요가 크다. 물론 파리 북쪽에 있는 클리낭쿠르marché de Clignancourt[2]처럼 정기적으로 열리는 곳도 있다. 그러나 이런 시장에 있는 판매자들 대부분은 장사꾼들이다. 파리의 매장보다 살짝 저렴하거나 비슷한 수준이기 때문에 가격 면에서는 이점이 거의 없다.

벼룩시장의 최대 장점은 다른 곳보다 저렴하게 물건을 구입할수 있다는 것이다. 흥정만 잘 한다면 합리적인 가격으로 행복을 얻을 수 있다. 대신 물건의 품질이 좋을 때도 있고 이상할때도 있다. 품질이 '나쁘다'가 아니라 '이상하다'는 표현을 쓴데에는 이유가 있다.

하루는 이케아 갓등이 조립된 램프 장식을 발견했다.

　"아니, 이건 이케아 물건이잖아!"
　"아니에요. 우리 할머니 때부터 쓰던 램프라구요."

행인이 시비를 걸듯이 따지고 들자, 판매자는 오래된 램프가 확실하다며 되려 목소리를 높였다. 벼룩시장에는 이렇듯 기발하게 변형된 물건도 매대에 오른다. 그러나 이케아 갓등 일화는 그나마 애교 수준이다. 어느 날은 덴마크에서 온 관광객 두 명이 단추를 전시하기 위해 사용한 유리컵을 욕심냈다. 한참 동안 컵을 만지작대더니 그 안에 있던 단추들을 쏟아내고 컵만 챙기려 했다. 그러자 헐레벌떡 달려온 주인이 유리컵을 낚아채고는 말했다.

　"이건 모노프리monoprix[3]에서 파는 거예요."
　"그곳에 가면 확실히 살 수 있는 거죠?"
　"아직도 팔지는 모르죠. 아무튼 당신이 이걸 가져가면
　　나는 단추를 담아둘 데가 없으니까, 거기 가서 사라고요."

아이러니하게도, 벼룩시장의 가장 큰 걸림돌은 바로 판매자다. 장사가 본업이 아니라면 대개 판매 자체에 큰 욕심이 없다. 때로는 물건을 파는 행위를 놀이처럼 즐긴다. 오랜만에 모인 이웃들과 커피 한 잔, 차 한 잔 하며 여가를 즐기는 것이 더 소중한 사람들을 상대로 흥정을 하는 건 결코 쉬운 일이 아니다.

내가 찾은 가판대 주인이 그랬다. 매대 위에는 붉은색으로 제본된 예쁜 책이 놓여 있었다. 겉면에는 『몰리에르 전집』이라고 적혀 있었고, 무엇보다 상태가 좋아서 마음에 들었다. 책 주인은 이웃과 안부 인사만 한 시간가량 나누고 있었는데, 책을 한참 만지작거려도 본체만체하며 느긋하게 커피와 차를 마시면서 계속 이야기를 나눴다. 내가 시장을 반 바퀴 돌고 올 때까지.

　"이 책 얼마예요?"

결국 참다 못한 내가 먼저 관심을 끌어 보았지만 주인은 가격만 말하고 다시 고개를 휙 돌려버렸다. 일반 매장이었다면 진작에 팽 돌아섰을 텐데, 같은 상태의 책이 다른 곳에도 있다는 보장이 없으니 떠날 수가 없었다.

"그 책 사려고요? 나도 좀 보면 안 될까?"

갑자기 경쟁자가 등장했다. 지나가던 할아버지가 내 손에 있던 책을 빼앗았다. 혹여나 물건을 채갈까, 내가 살지도 모른다고 재빠르게 덧붙이자 보기만 할 거라는 여유 있는 대답이 돌아왔다. 그리곤 출판 연도와 판본, 전체 시리즈 유무 여부를 꼼꼼하게 따져본다.

"이건 안 사는 게 낫겠네요. 완본도 아닌 데다, 그렇게
오래된 책도 아니에요."
"왜요? 이렇게 예쁜데요. 거기다 완본이라고 써 있어요."

한국에서는 쓸데없는 간섭이라고 생각할 수도 있겠지만, 프랑스 벼룩시장에서는 매우 자연스러운 현상이다. 손님들은 같은 물건을 두고 경쟁해도 서로 시기하지 않는다. 같이 살피고, 가늠하고, 의견을 나누기도 한다. 이곳은 소유를 다투는 곳이 아니라 가지고 있던 물건을 타인에게 넘기는 장으로, 서로의 안목을 칭찬하면서 각자의 의견을 보태는 곳이다.

할아버지의 반대 이유는 논리적이었다. 책은 1990년도 출판

본인데다가, 프랑스어로 쓰였는데 엉뚱하게도 포르투갈 인쇄소를 거쳤다. 그래도 어느 정도는 가치가 있겠지 했는데, 심지어 이건 완본이 아니라고 단언까지 한다.

"하지만 표지에는 『몰리에르 전집』이라고 써 있고, 숫자도 없잖아요."
"그럴 리가 없죠. 내가 아는 한 『몰리에르 전집』은 한 권으로 끝날 책은 아니에요."
"글씨가 이렇게 작은데도요?"
"그럼요. 이 책은 책장 한 칸을 가득 채울 정도가 되어야 완본이에요. 혹시 아가씨 전공이 프랑스 문학이에요?"
"아니요."
"그럼 이 책은 정말 아무짝에도 쓸모가 없을 거예요."

다시 책을 자세히 관찰했다. 신중하게 앞장부터 한 장씩 넘겨보았다. 목차를 보고 할아버지의 주장에 빈틈을 찾아보려는 요량이었다. 그 사이 1권이라고 써 있는 페이지를 발견했다. 이 책은 정말 완본이 아니었다.

할아버지와 내가 한참 동안 감정에 열을 올리는 와중에도 주인은 여전히 이쪽은 보지도 않은 채 이웃과 이야기 중이었다. 할아버지가 뒤도 돌아보지 않고 떠나자, 어쩐지 의기소침해진 나는 슬며시 책을 원래 있던 자리에 내려놓았다. 그 조심스럽고 안타까운 손길을 느꼈는지, 바로 옆에 있던 낡은 책 한 권이 새끼손가락을 스쳐갔다. 호기심에 바로 첫 장을 넘겼고 익숙한 이름을 찾았다.

몰리에르Molière, 1622~1673가 소개해준 책은 생각보다 훨씬 괜찮았다. 책은 빅토르 위고Victor Hugo, 1802~1885가 쓴 『레미제라블Les Misérables』 1, 2권으로, 1865년에 인쇄됐다. 쥘 베른의 편집자로 유명한 헤첼의 편집본으로, 빅토르 위고가 적은 서문에는 "1862년 오트빌하우스에서"라고 적혀 있었다.

오트빌하우스Hauteville House는 영국령 섬에 있는 곳이다. 당시 프랑스는 제2제정 시기Le Second Empire였다. 혁명 황제의 조카였던 나폴레옹 3세Charles Louis Napoléon Bonaparte, 1808~1873는 쿠데타로 정권을 잡았고, 이에 반대하던 위고는 프랑스 옆에 있는 영국령 섬으로 망명한다. 이 책은 바로 그 시기에 세상으로 나왔다. 이런 배경을 알고 읽으면 『레미제라블』이 담고 있는 민중들의 비참하고도 적나라한 현실은 위정자에게 보내는 서신이자 투고문처럼 느껴진다. 책의 서문은 이런 시대 배경을 단번에 상기시켜 준다.

마음에 드는 책을 찾았으니 이제는 주인의 안부 인사를 끝낼 시간이다. 비장한 목소리로 주인을 불렀다. 드디어 눈이 마주치고 흥정을 시작하려던 찰나, 그의 부인이 차를 담은 보온병을 들고 왔다. 다시 티타임이 시작됐다. 왠지 맥이 빠진다.

집으로 돌아와서 책을 다시 살펴보았다. 안쪽에는, 물건을 들고 떠나는 순간까지 눈길조차 주지 않던 주인이 어디서 이 책을 구매했는지 힌트가 담겨 있었다. 레미제라블의 공연 정보가 있는 신문 기사와 구입처로 보이는 낡은 서점의 명함이었다. 주인은 공연에 앞서, 혹은 관람 후 서점을 찾았던 것 같다. 보통 명함이 있는 서점의 고서 가격은 저렴하지 않다. 그렇다면 무슨 이유로 이런 비싼 중고책을 구매했던 걸까. 특별한 추억이 있을지도 모른다. 지금의 아내와 첫 데이트로 봤던 공연이 아닐까. 그렇다면 왜 소중한 순간이 담긴 책을 쳐다보지도 않고 팔았을까. 이야기에 이야기가 꼬리를 물고 상상의 나래가 펼쳐진다.

낡은 책에는 작가가 쓴 내용 외에도 다른 이야기가 스며들어 있다. 인쇄된 년도나 출판사 정보 같은 형식적인 것들부터 이전 소유주들의 흔적까지. 지나온 시간만큼 새로운 이야기가 덧씌워진다. 벼룩시장에 있는 모든 고서들이 그런 건 아니지만, 만일 그런 책을 찾았다면 정말 행운이다. 그런 짜릿함에 나는 고서를 모은다.

내 서재에 꽂혀 있는 책들도 지난 흔적들을 열심히 주워담고 있는지도 모르겠다. 언젠가 그들도 내 손을 떠나 새 주인을 만나겠지.

오늘은 책장 속
오랫동안 꽂혀만 있던 책들을
한 장씩 넘기고 싶다.

평범한 찻잔의 여정

어느 날 산책하다가 우연히 발견한 벼룩시장에서 리모주
Limoges[4]산 꽃무늬 찻잔을 찾았다. 자세히 살펴보려고 다가가는
순간, 미소를 머금고 앉아 있는 할머니와 무심코 눈이 마주쳤
다. 그 인자한 표정에서 할머니 주름만큼 깊은 이야기가 들리
는 것 같았다. 잠시 상상의 흐름을 따라 천천히 걸음을 옮겼다.

1945년, 긴 전쟁이 끝나고 평화가 찾아왔다. 많은 이가 목숨
을 잃었지만 빈자리는 금세 채워졌고 상처는 아물어 갔다. 그
렇게 많은 아이가 세상 밖으로 나왔다. 할머니도 그 아이들 중
하나였다.

어느 날 할머니에게만 유독 돋보이는 그런 사람이 나타났다. 지금 옆에서 신문을 펼쳐보고 있는 바로 저 사내다. 반짝이는 파란 눈으로 사랑을 약속하던 그를 믿고 고향을 떠나 파리까지 왔다. 두 사람에겐 가진 게 서로밖에 없었지만, 그걸로 충분했다.

파리로 몰려드는 베이비붐 세대들을 위해 대로를 따라 아파트가 늘어섰다. 남편은 운 좋게 근처 공방에 일자리를 잡았고, 머지않아 아파트를 얻었다. 공간이 그렇게 넉넉하지는 않았지만 부부가 가진 것 역시 많지 않았다. 비어 있는 공간을 서로의 사랑으로 채워가며 두 사람은 즐거웠다.

마침, 리모주의 도기 공방에서는 식기가 쏟아지듯 생산됐다. 그중 파란빛을 띠는 꽃무늬 도기도 있었다. 백화점 가판대에서 그 도기를 처음 봤을 때 부인은 남편의 푸른 눈을 떠올렸다. 수입을 고려해보면 비싼 가격이었지만, 태어날 아이들과 초대할 손님들을 생각하며 큰 마음 먹고 푸른색 식기를 세트로 구매했다. 그렇게 집으로 들어온 푸른색 식기 세트는 거실 중앙 찬장에 놓였다. 도자기의 푸른빛은 마치 남편의 눈동자처럼, 그 자리에서 가족들을 지켜보았다. 그리고 가족의 남은 시간을 가늠이라도 하듯이 세월에 따라 하나둘 사라졌다.

저녁 식사용 커다란 접시는 큰아들이 열 살 되던 해 크리스마스 날 깨졌다. 이번 메인 요리는 자기가 옮기겠다던 큰아들은 깨져버린 접시 사이로 떨어진 요리를 두고 밤새 울었고, 부부는 아이가 울음을 그칠 때까지 뺨에 계속 뽀뽀를 해줘야 했다.

디저트 접시 두 벌은 작은딸의 소꿉놀이와 함께 사라졌다. 양손에 피범벅을 하고 우는 작은딸을 안고 병원까지 내달리던 그 오후의 절박함은 아직도 잊을 수 없다. 딸의 검지 손가락을 가로지르는 희미한 선을 볼 때마다 부부는 가슴이 시큰거린다.

찻잔 한 벌은 사위가 처음으로 인사 오던 날 깨졌다. 딸을 얼마나 사랑하는지 설명하며 바들바들 떨던 사위는 그의 눈동자 색과 닮은 연갈색 홍차를 바지 위에 쏟았다. 마루 위로 떨어져 깨진 찻잔에 당황한 부인은 멀쩡했던 받침까지 쓰레기통에 넣어 버렸다.

세월이 지나 남편의 눈동자와 함께 빛바랜 찻잔 두 쌍만 남았다. 다음 달에 아파트를 정리하고 요양원으로 들어가기로 결정한 부부에게는 마지막 남은 짐이자 추억이었다. 부디, 다음 주인 손에 들려 다른 이야기를 계속 풀어 나가길 바라며. 찻잔은 그렇게 벼룩시장의 테이블 위에 놓였다.

이런 서사는 있을 수도, 없을 수도 있다. 우리는 물건의 자세한 사정을 알 수 없다. 처음 만난 낯선 사람에게 구구절절 사연을 풀어놓을 주인은 없다. 물건은 그저 말없이 다음 주인의 손길을 기다린다.

이야기를 찾고 새로운 가치를 부여하는 것은 상상력의 몫이다. 머리와 마음이 메마르면 마리 앙투아네트Marie Antoinette d'Autriche, 1755~1793의 부채를 가져다 놓아도 그냥 낡은 부채로 보인다. 감성이 이성을 앞서는 곳, 벼룩시장은 그런 곳이다.

나는 이날 하스파이 대로Boulevard Raspail에 살던 노부부의 낡은 찻잔 세트를 구매했다. 부부는 다정해 보였고 무엇보다 할아버지의 눈동자처럼 파란 도자기 색을 보니 머릿속에 이야기꽃이 절로 피었다. 위의 이야기는 실제 파리의 흔한 베이비붐 세대가 겪을 법한 일화다. 도자기가 대량 생산되고, 벼룩시장이 열리던 하스파이 대로의 과거다.

지난날의 흔적을 바탕으로 가치를 상상한다. 벼룩시장은 즐길 줄 아는 이에게는 재미를 가져다주지만, 그렇지 않은 이에게는 이해할 수 없는 장터일 뿐이다. 타인의 발자취를 상상해 보는 시간, 나의 취향이 드러나는 시간, 서로의 이야기가 얽히는 시간. 이 점이 바로 벼룩시장의 매력이 아닐까.

오늘도 내 창고에는 엄선해서 들여온 고물들이 쌓여간다.

4

———————

진짜와 가짜의 차이

파리 생활이 익숙해졌을 무렵, 루브르 박물관 회원권을 구입했다. 회원권 명칭은 '루브르 친구 연합회Société des amis du Louvre'로, 친구를 뜻하는 프랑스어 '아미ami'는 후원자 또는 애호가를 의미하기도 한다. 단 몇십 유로로 세계 최고 박물관의 후원자가 될 수 있다니. 내 이름과 루브르가 나란히 적혀 있는 뿌듯함을 만끽하기 위해 여섯 차례나 친구 계약을 갱신했다. 박물관 입장에서는 제법 쏠쏠한 고객이었을 테다.

돈을 냈으면 즐겨야 한다. 틈틈이 시간이 날 때마다 루브르 박물관에 갔다. 전시장 안에는 사람이 있는 듯 없는 듯 했다. 작품을 감상하며 걷다 보면 어느새 정적이 내려앉고, 값을 매길 수 없는 예술품으로 장식된 공간에 나만 우두커니 서 있었다. 내 것이라고는 하나도 없는 파리에서 그 순간만큼은 온전히 나만을 위해 존재하는 것 같았다.

루브르 박물관은 세계 제일의 관광지답게 8만 6천 제곱미터 크기에 3만 5천여 점의 작품이 전시된 어마어마한 규모를 자랑한다[5]. 2018년 관람객 수는 천만여 명이고 그중 71퍼센트는 외국인 관광객이다. 이렇듯 찾아오는 사람은 많지만, 사실 주요 작품만 보고 나가는 사람이 대부분이라 몇몇 전시실을 제외하고는 한적하다. 루브르 박물관은 방문객 불균형을 개선하기 위해 노력하고 있으나 아직까지 별 수는 없어 보인다.

하지만 희망은 있다. 전체 수익에서 입장권이 차지하는 비중은 35퍼센트 정도에 해당되는 8,700만 유로다. 반면, 소수의 후원자들로부터 오는 수익은 1,300만 유로다. 루브르 박물관이 충실한 회원이나 후원자들을 위한 프로그램을 만들어 충성고객을 늘리려던 이유는 여기에 있다.[6]

보다 젊은 친구들에게 매력적인 제안을 해서 평생 회원으로 만들려는 시도는 당시 브랜드 시장의 트렌드이기도 했다. 루브르 박물관 역시 30세 미만 회원에게는 회원권을 할인해주고 있었고, 그게 내가 박물관의 친구가 됐던 계기였다. 회원권을 받고, 박물관 소식지를 읽고, 또래 회원들을 위한 행사에 참여하며 파리에 마음 둘 곳을 찾았다. 그런 의미에서 루브르 박물관은 진짜 친구 노릇을 해준 셈이다.

뿐만 아니라, 진짜 친구를 소개해주기도 했다. 파리에는 유독 스케치북을 든 사람들이 자주 보인다. 하물며 유명한 박물관에 사람이 몰리지 않을 이유가 없다. 처음엔 그저 누구인지, 무얼 하는 사람인지 궁금해서 기웃대다가 점차 그 사이에 끼고 싶다는 생각이 들었다. 그러다 정말 우연찮게 기회가 찾아왔다.

　　"루브르에 그림 그리러 다녀 보지 않을래요?"

나에게 기회를 준 사람은 M이었다. 그는 학창 시절을 예술 학교에서 보낸 예술가이자, 미술사를 전공하는 학자였다. 한국에서 프랑스어를 공부하며 만났고 파리에서 재회하면서 더욱 친해졌다. M은 우연히 루브르에서 그림 그리는 사람들과 대화를 나누다 모임에 초대받았다고 했다. 당장 화구점에 가서 스케치북과 목탄, 연필을 샀다. 그리고 매주 수요일 밤 7시, 유리 피라미드 아래로 향했다.

회원들은 학생에서부터 공무원, 교수, 건축가, 사진가 그리고 퇴직자까지, 직업도 연령대도 다양했다. 그림 실력도 천차만별이었다. 나처럼 호기심에 이끌려 나온 사람도 더러 있었다. 모임은 밤 7시부터 박물관 폐장을 알리는 방송이 나오는 9시 45분까지 계속되었다. 각자 그림을 그린 후 시간에 맞춰 박물관 앞에 있는 카페로 모였다. 모작은 물론, 둘러앉아 서로의 그림을 두고 비평까지 하며 나름 구색을 갖춘 모임이었다.

모작 장소는 관람객이 덜 붐비는 곳으로 돌아가며 정했다. 모두가 제일 좋아하는 방은 카리아티드의 방Salle des Caryatides이었다. 카리아티드는 '여인상으로 장식된 기둥'을 뜻하는 단어로, 이 방의 주 출입구가 네 명의 여신상이 받치고 있는 형태로 조각되어 있어 붙여진 이름이다. 16세기 조각가 장 구종Jean Goujon, 1510~1566이 그리스의 에레크테이온Érechthéion의 신전에서 영감을 받아 장식했기 때문에, 그에 맞춰서 고대 그리스 시대의 조각상들이 놓여 있었다.

사실 나는 그 모임에 녹아드는 것만큼 그림 그리는 것도 어려웠다. M이 곧장 예술가다운 솜씨로 모임의 시선을 사로잡은 것에 비하면 내 그림은 정말 엉망이었다. 아무리 열심히 그려 보아도 비율은 언제나 가분수였다. 비웃음을 받아도 싸지만, 모두들 개성이 넘치는 그림이라고 묘하게 후한 점수를 줬다. 이들은 이해하기 힘든 그림 실력을 갖고 있는 사람의 낙서에 서도 어떻게든 긍정적인 점을 찾아내곤 했다.

무슈 쟝쟝만 빼고 말이다.

　"쯧쯧, 너는 비례를 잡는 법을 먼저 배워야겠어. 네 그림
　좀 봐. 그리스 조각은 비례가 중요한데, 머리랑 몸통이
　비슷한 크기잖아."
　"아니거든요. 나는 위에서 아래를 내려다보는 관점으로
　그린 거예요."

쟝쟝은 어색했던 그룹에서 처음으로 티격태격할 수 있을 정도로 친해진 사람이었다. 그는 남는 게 시간과 연금뿐인 풍족한 은퇴자로, 모임에 빠지는 법이 거의 없었다. 옆자리에 앉으면 그림에 집중하지 못할 만큼 정신없었지만, 대신에 신기한 도구들이 가득한 필통을 구경할 수 있었다. 회원 중에 누군가 처

음 보는 도구를 갖고 오면 다음주 쟈쟝의 필통에도 똑같은 도구가 담겼다. 쟈쟝은 인심이 좋아서 새 도구도 곧잘 빌려주었다. 안타깝게도 투자한 화구에 비해 그림 실력은 나보다 조금 나은 정도였다. 그런 그가 나를 타박하는 모습을 보며 다른 회원들은 깔깔대곤 했다. 쟈쟝의 열정적인 지도에도 불구하고, 나는 꾸준히 모든 인물상을 가분수로 그렸다. 어떤 의미로는 그 모임에서 제일 꾸준한 둘이었다.

쟈쟝의 본명은 쟝-피에르Jean-Pierre다. 쟈쟝은 '멍청이'라는 의미를 갖고 있어 본인은 자신의 애칭을 좋아하지 않았다. 붙임성 좋은 그를 회원들은 일부러 쟈쟝이라고 불렀다. 쟈쟝의 불화살은 곧바로 나에게 튀었다. 그의 주장에 따르면, 내 이름은 발음이 어려우니 부르기 쉽게 애칭을 만들어야 한다는 것이었다. 프랑스 이름인 '노에미Noémi'를 권했지만, 내키지 않았다. 나의 애칭이니 조금이라도 '나'라는 존재가 느껴졌으면 했다. 그러다 '미미Mimi'가 나왔고, 자연스레 나는 미미가 되었다. 그러나 쟈쟝만은 미미를 거부했다. 당신 같은 할아버지 세대에게는 좋은 이름이 아니라나. 이후 그는 나를 '미키 미니', '미니 미미'라고 불렀다. 끝까지 미미로 부르지 않겠다는 고집이었다. 그마저도 그냥 부르지 않고 항상 콧노래를 섞었다. 그 애칭에는 노인다운 고집과 애정이 섞여 있었다.

새 이름을 찾았기 때문일까. 모든 것이 하나둘 새롭게 느껴지기 시작했다. 루브르 박물관의 작품이 세세하게 다가왔다. 프랑스 사람들도, 루브르 박물관도, 그림 그리는 것도 낯설고 어색했던 때에 비하면 장족의 발전이었다.

박물관에서 만난 모임은 가족을 떠나 처음으로 만난 완전히 다른 세계였다. 국적을 제외하고도 우리는 자주 쓰는 단어나 즐겨찾는 거리, 관심사 등 소소한 것들부터 자라온 환경과 언어, 그림을 보는 시각까지 모든 게 달랐다. 같은 조각상을 같은 재료로 그려도 선 굵기부터 그림체까지 완전히 똑같은 그림은 없었다. 마치 이 세상에 완전히 똑같은 사람은 존재하지 않는 것처럼. 회원들은 서로 다른 점을 갈등의 요소가 아니라 개성으로 존중해 주었다. 누가 지각하든, 일찍 오든 각자의 사정이 달라도 모임은 진행됐다.

그러나 어떤 값진 것도 익숙해지면, 처음과 다르게 느껴진다. 시간이 지나 나는 그저 그런 30대가 됐다. 20대로서 누렸던 혜택이 사라지고 미래에 대한 불안이 목구멍까지 차오르자, 박물관에 관련된 모든 것을 포기했다. 별로 망설이지도 않았다. 1년에 80유로로, 매주 수요일마다 마시는 음료 한 잔 값, 그리고 모임에 소요되는 서너 시간이 부담스러웠다. 어느새 루브르 박물관과 쟝쟝이 사라진 고요한 수요일 저녁이 이어졌고 약간의 금전적 여유가 생겼다. 그때의 추억으로는 그림 실력이 조금 향상된 것만으로도 족하다며 대수롭지 않게 여겼다.

그러던 어느 날, 문득 예전이 그리워졌다. 회원권을 손에 넣으면 그 시절의 느낌을 되찾을 수 있을 것 같았다. 그러나 나만의 착각이었다. 다시 구한 회원권에서는 따스함이 느껴지지 않았다. 손에 들린 건 그저 평범하기 그지없는 플라스틱 카드일 뿐이었다. 무작정 걷고 생각하다 보면 그 시절을 다시 찾을 수 있지 않을까. 박물관을 걷고 또 걸어도 예전 그 감정을 찾을 수 없었다. 당시의 설렘과 추억은 돈으로 살 수 있는 게 아니었다.

오늘도 파리에서는 수많은 사람이 저마다의 방법으로 예술을 향유한다. 누가 진정으로 예술을 아끼고 즐기고 있는지, 회원권이나 후원 명단만으로는 알 수 없다. 그렇다면 나는 과연 어땠을까. 다시 주머니에서 종이를 꺼낸다. 언젠가 잃어버린 과

거를 되찾을 수 있지 않을까 하는 막연한 바람을 품고, 보이는
걸 그리고 감상을 적는다.

언젠가 나도 진정으로 예술을 품은 사람이 될 수 있을까.

5

베르사유의 장미

어린 시절, 평일 저녁은 만화를 보는 시간으로 정해져 있었다. 두부 심부름처럼 피치 못할 사정이 아닌 한 그 시간만큼은 텔레비전 앞에 앉아 있었다. 그때 봤던 만화 가운데 〈베르사유의 장미〉만은 지금도 주제가를 따라 부를 수 있을 정도로 좋아했다. 다만 배경이 되는 혁명 이야기는 어린 내가 이해하기에 버거웠다. 나는 혁명을 주인공을 괴롭히는 악당쯤으로 여겼다.

혁명을 역사로 배운 이후, 생각이 달라졌다. 프랑스에 도착해 혁명사를 파고들수록 그 안에 스며 있는 온갖 부조리가 보였다. 어린 시절 본 만화가 더욱 와닿기 시작했다. 어디선가 본 '피로 물든 혁명의 광장'이라는 문구가 머릿속에서 사라지지 않았다. 문득 200여 년이 지난 그 광장에 무엇이 남았는지 직접 보고 싶어졌다.

프랑스 혁명은 죽어 마땅하다는 죄인들의 목을 치며 시작되었다. 단두대에서 목이 잘린 이가 한둘이 아니지만, 많은 사람이 왕과 왕비가 처형되었다는 사실에만 매달려 있다. 나 역시 왕과 왕비의 사사로운 이야기나 혁명주의자들의 사상을 제외하곤 알지 못했다. 그러던 어느 날, 평등을 주장했던 혁명의 기록조차 공정하지 못하다는 생각이 들기 시작했다.

파리의 모든 광장들은 작게나마 혁명과 연이 닿아 있다. 흔히 '프랑스 혁명' 하면 떠오르는 광장은 중심부에 있는 콩코르드 Place de la Concorde[7]다. 당시에 혁명 광장 Place de la Révolution이라고 불렸던 이곳은 처형대인 기요틴 Guillotine이 세워졌던 곳으로도 유명하다. 이곳에 구체제의 상징적인 인물인 루이 16세 Louis XVI, 1754~1793와 마리 앙투아네트의 목이 떨어졌다.

혁명의 불씨가 타오르던 시기, 기요틴은 파리 이곳저곳을 옮겨 다녔다. 당시 파업 광장 Place de Grève이라 불리던 파리 시청 광장 Place de l'Hôtel-de-Ville에도 기요틴이 있었고, 루브르 박물관 앞인

카루셀 광장Place du Carrousel에도 있었다. 마찬가지로 바스티유 Bastille 성채가 있었던 당시, 앙투안 광장Place Antoine에도 있었다. 앙투앙 광장은 바스티유 성채의 이름을 따서 바스티유 광장 Place de la Bastille으로 이름이 바뀌기도 했다.

나는 많은 광장 중에 나숑 광장Place de la Nation에 가보기로 했다. 단기간에 가장 많은 반혁명 분자들이 한꺼번에 처형됐던 곳이 지만, 그다지 조명 받지 못하고 있다는 점이 흥미롭게 다가왔 다. 당시 '뒤집힌 왕좌의 광장'Place du Trône-Renversé'이라고도 불렸 던 나숑 광장에 기요틴이 세워진 건 1794년 여름이다. 한 달여 간 혁명에 반대하던 보통 사람들이 이 광장에서 목이 잘렸다[8].

기요틴의 칼날은 성역을 구분하지 않았다. 프랑스인들의 정신 적 지주였던 종교 역시 그 심판을 피하기 어려웠다. 1790년 성 직자 기본법Constitution civile du Clergé으로 종교가 국가에 귀속되며, 기존 교리가 처벌의 대상이 되었다. 몽마르트르 수도원의 사 제였던 90대 수녀원장은 그렇게 법정에 섰다. 노환으로 재판 을 받기도 어려웠으나, 딱히 문제가 되지는 않았다. 수녀원장 의 운명은 이미 정해져 있었다.

루이 16세는 제정된 법을 거부할 수 있는 권리인 비토를 가졌지만, 법안 시행 코앞인 이듬해 1791년 겨울이 되어서야 뒤늦게 반대했다. 혁명 정부는 1792년 8월 26일, 법안에 반대하는 모든 성직자에게 프랑스를 떠나라고 명령했다. 성직자들은 하나둘 쫓겨나기 시작했고 교구 재산은 국고로 환수됐다. 혁명 정부는 빼앗은 토지를 담보로 공채를 발행했다. 이게 불환지폐로 유명한 아시냐Assignat다. 이 채권은 발행되고 얼마 지나지 않아 1793년에 반토막이 나는데, 이런 불안정한 정책들이 훗날 민중 봉기Guerre de Vendée의 도화선이 됐다고 학자들은 말한다.

정의로워 보였던 혁명 정부는 민중을 이해하지 못했다. 오히려 팍팍한 삶에 반기를 들고 일어섰던 민중에게 자유와 평등의 가치를 모른다며 손가락질했다. 어쩌면 무지했던 건 엘리트 의식으로 똘똘 뭉친 그들일지도 모른다. 왕을 쫓아내고 귀족과 종교의 재산을 몰수해도 민생을 안정시키지 못하면 지배자만 바뀌었을 뿐 세상은 그대로다. 새로운 지배자들은 이제껏 프랑스인의 관례를 주도했던 종교를 금지함으로써 오히려 사회 시스템을 혼란스럽게 만들었다. 아시냐 발행 실패로 물가를 요동치게 하고, 물가 상한제로 시장을 망가뜨렸다. 민중은 새 정부의 무능력에 폭발했고, 그 분노는 기요틴의 날을 세운 공포 정치La terreur로 되돌아왔다.

광장에서는 그렇게 매일 목이 굴러떨어졌다. 잘려 나간 그들의 한을 단순히 귀족, 성직자 그리고 평민 간의 갈등으로 요약하기는 어렵다. 혁명 주도자 중에 부르주아 출신 시민이나 잘나가는 귀족 계급의 권력자가 있었던 것처럼, 단두대에서 떨어진 그 머리에는 단지 먹고 사는 게 힘들어서 조금 투덜댔던 구두장이, 농부, 제빵사, 품삯꾼이 있었으니 말이다. 광장을 굴러다녔던 목에는 거창한 혁명의 이데올로기가 아니라 사회를 향한 불신과 불만이 있었다.

1794년 여름, 당시의 광장을 떠올려 본다. 근처에는 이때 처형된 이들을 매장한 무덤이 남아있다. 나숑 광장 남쪽으로 고개를 돌리면 커다란 기둥 두 개가 보인다. 이 기둥 위에 세워진 동상은 프랑스 역사 속 위대한 왕이었던 필립 오귀스트Philippe II Auguste, 1165~1223와 쌩루이Saint-Louis IX, 1214~1270다. 왕들의 발아래에 기요틴이 있었다[9].

처형장에서 형이 집행된 후, 시신은 수레에 실려 길을 따라 내려갔다. 나도 픽퓌스 대로Boulevard de Picpus를 따라 내려가다, 로터리 지점에서 그만 길을 잃었다.

"혹시, 픽퓌스 묘지Cimetière de Picpus에 어떻게 가는지 아시나요?"

야외 테라스에서 커피를 마시던 아저씨는 손가락으로 대충 방향을 가리켰다. 그러나 그 방향으로 한참을 걸어가도 입구를 찾을 수 없었다. 묘지가 학교와 병원들로 둘러싸여 있기 때문이다. 눈에 띄는 표지판조차 보이지 않았다.

한참을 땀만 뻘뻘 흘리며 헤메다 간신히 입구를 찾았다. 옛 수도원Couvent des chanoinesses de Saint-Augustin 안뜰 터에 있는 커다란 구덩이 두 개, 이곳에 그들이 묻혀 있다. 시신은 매일같이 쏟아져 들어왔고 물건이 수납되듯 구덩이 안에 차곡차곡 쌓였다. 귀족이든 성직자든 농민이든 상관없었다. 어쩌면, 이 구덩이 안에 혁명의 평등 정신이 함께 묻혔는지도 모르겠다.

혁명 정부는 시신으로 가득 채워진 구덩이를 메우고 공터로 만들어 판매했다. 귀족 출신의 사형수 가족들은 이곳을 조용히 사들여 망자의 터로 조성했다. 그래서일까. 여전히 숨겨져 있고, 여전히 찾아가기 어렵다. 소박한 표지판만 하나 달랑 갖춘 단출한 문을 열고 안으로 들어가니 내가 들어온 줄도 모르고 무심하게 신문만 들여다보는 관리인이 자리를 지키고 있었다. 덩달아 무심히 지나가려고 하자 그가 조용히 나를 불렀다.

　"아가씨, 돈은 내고 들어가야죠?"

입장료가 있을 거라고는 생각하지 못했다. 얼마냐고 물으며 얼른 지갑을 뒤적이는데, 아무리 찾아도 현금이 없다.

　"얼마나 있는데요?"
　"80썽팀이요. 혹시, 카드 결제는 안 되겠죠?"

주변에는 카드 단말기는커녕, 돈을 거슬러 줄 돈통마저 보이지 않았다. 어이없다는 듯이 피식 웃던 관리인은 길을 따라 쭉 내려가면 현금 인출기가 있을 거라고 심드렁하게 말하고는 보던 신문으로 다시 고개를 돌렸다.

묘지가 문을 여는 시간은 오후 2시부터 6시까지였는데, 그마

저도 들어갈 기회가 매일 오는 건 아니었다. 유명한 사적지
도, 관광지도 아니기 때문일까. 게다가 당시 광장에서 처형된
1,300여 구의 시체들을 한번에 매장했기 때문에 개별 묘지석
도 없다. 그러나 이곳이 개인 소유의 사설 묘지라는 것을 잊어
서는 안 된다. 소유주의 선의로 방문 가능한 이런 곳에서는 불
평할 권리 따윈 없다. 관리인의 무심한 태도나 허술한 운영 방
침도 이해가 된다.

광장을 내려오며 봤던 두 기둥은 옛 파리 성벽의 밖에 있었
다. 콩코르드 광장의 기요틴이 거주민들의 반발을 사자, 혁명
정부는 처형장을 더 남쪽인 이곳으로 옮겼다. 단두대에는 언
제나 문제가 많았다. 매일같이 군중이 몰려 소음과 통행 문제
가 끊이지 않았다. 무엇보다 처형 제도 자체가 문제였다. 피
가 솟구치고 시체가 나뒹구는 광장은 공공 위생 면에서도 좋
지 못했다. 이런 온갖 문제에도 불구하고 기요틴은 수없이 많
은 사람의 목을 쳐냈다. 우리가 익히 아는 주요 인물들은 파
리의 중심지에 있던 혁명 광장에서 처형됐다. 왕과 왕비, 당
통Georges Jacques Danton, 1759~1794부터 시작해서 심지어 혁명 정부
를 주도했던 로베스피에르Maximilien François Marie Isidore de Robespierre,
1758~1794마저.

반대로 파리 성벽의 경계에 있던 나숑 광장에서 처형된 사람들은 과반수 이상이 서민이었다. 그곳에서는 고작 한 달여 동안 천여 명의 목이 잘렸다. 끝나지 않을 것 같던 핏빛 조명은, 로베스피에르를 마지막으로 비로소 꺼졌다. 혁명의 정신을 알린다며 공포 정치를 펼쳤던 그는 기묘하게도 혁명 광장에서 생을 마쳤다. 참으로 공명정대한 형벌이다.

공포 정치의 흔적으로 조용한 묘지 터 하나만이 이곳에 남았다. 그마저도 개인이 챙기지 않았다면 잊혀졌을 것이다. 역사란 애석한 것이라서, 얼마나 많이 처형됐는지보다 누가 어떻게 처벌받았는지를 더욱 선명하게 기억한다.

혁명을 조금이나마 이해하게 된 지금도 나는 마리 앙투아네트를 좋아한다. 〈베르사유의 장미〉에서 아름다웠던 소녀 시절의 왕비를 잊지 못하기 때문일지도 모른다. 실제로 그녀는 죽는 순간까지 품위를 지켰다. 그 모습은 나의 치기 어린 애정을 변호할 근거가 되었다.

"Monsieur, je vous demande excuse,
je ne l'ai pas fait exprès.¹⁰"
"신사 분, 양해를 구해요.
제가 일부러 그런 건 아니에요."

6

1789년이 떠오르는 이유

파리가 다시 내 인생에 끼어들었다.

잠시 한국에 있다가 못다 한 학업을 마치기 위해 2019년 가을, 다시 파리로 돌아가기로 했다. 개학까지 시간이 촉박했기 때문에 미리 도착 날에 맞춰 서류 업무를 위한 일정을 잡았다. 그러나 약속 하루 전날, 학교 행정실에서 돌연 일정을 취소했다. 일방적인 통보였다. 교통 파업이 예고됐기 때문이었다.

파업의 날이 밝았다. 개강까지 사흘을 앞둔 금요일이었다. 대체 파업이 얼마나 중요하길래 학교 등록 같은 중요한 업무 일정을 취소하는 건지. 관련 뉴스를 찾아보며 파리로 돌아간다는 사실을 실감한다. 사회적 행동이 개인의 용무보다 우선순위에 있는 나라, 프랑스는 그런 곳이다.

프랑스에서는 노동자의 중요 직무 중 하나가 파업과 시위인만큼 노동 쟁의가 의무이자 권리로 받아들여진다. 한국인으로서의 상식과 프랑스식 사고가 충돌하자 서러움이 북받쳤다. 휴대폰에 심카드를 꽂으니, 부르르 떨며 받아 두었던 문자와 부재중 전화를 번갈아 알렸다. 그중에는 행정실에서 온 연락도 있었다. 불과 몇 시간 전에 일정을 취소했던 것을 번복하는 문자였다. 가야 할지 말아야 할지 고민된다면 가는 게 맞다. 적어도 내가 프랑스에서 겪었던 일에 비추어 보면 그게 옳았다. 나처럼 혼란스러운 몇몇 학생이 학교에 나와 있을 거고, 동변상련의 감정으로 누군가 하소연이라도 들어주지 않을까.

역시나 나는 혼자가 아니었다. 학교는 개학을 앞둔 시기가 무색하게 어수선하고 텅 비어 있었지만, 휑한 로비에는 어수룩하게 주변을 두리번거리며 돌아다니는 학생들이 있었다. 다들 서류 문제로 급하게 달려온 학생들이었다. 그 무리에 섞이다 보니 다른 이의 하소연을 듣게 됐다. 다음주가 개강인데 담당자가 출근을 하지 않아서 수강 신청을 못 했다고 한다. 당장 내일모레에 들을 수업을 정하지 못했는데, 학기가 시작한다. 프랑스란 이런 황당무계한 일이 존재하는 나라다. 이 나라에서는 학교의 행정실 담당자가 출근을 안 했는지 못 했는지는 중요하지 않다.

프랑스에서 시위와 파업은 국가적인 사건이다. 심지어 몇몇 교통공사에서는 시위에 대한 민원은 응대조차 않는다. 그러한 규정이 완전히 이해되는 건 아니지만, 대다수가 옳다고 생각하는 일이라면 나 역시 그에 따르는 게 옳다고 믿었다. 앞으로도 계속 살아가야 할 이곳을 이해하지 않으면 프랑스도 나를 받아주지 않겠지.

달리던 레일에서 한 뼘 삐끗하면 튕겨져 나가는 건 어느 사회나 별반 다르지 않다. 나는 외국인이기 때문에 한국보다 프랑스가 더 험하게 느껴지곤 했다. 다행히도 어쩌다 한 번 튕겨져 나오면 모두가 앞장서서 도와주었다. 휘청거릴 때마다 학교, 교수, 친구들이 나를 다시 끌어올려 주었다. 물론 다시 레일 위에 올라 달리려면 엄청난 노력과 시간이 필요했다. 그 과정에서 시도 때도 없이 닥쳐오는 박탈감과 자괴감은 개인의 몫이었다. 그래도 나는 훌훌 털고 아무 일 없던 것처럼 나아가야만

했다.

재등록을 마치니 학적이 생겼다. 사회도 나도 다시 제자리로 돌아가는 듯했다. 무심한 일상이 계속되었다. 몇몇 교통공사가 파업을 시작하기 전까지 말이다.

2019년 크리스마스를 앞두고 새로 개정된 은퇴법에 반발하는 대대적인 파업이 시작됐다. 매일 아침 인사는 "안녕" 대신에 "오늘은 얼마나 걸었어?"가 되었고, 집으로 가기 10분 전에 애플리케이션으로 귀가하는 방법을 찾아보느라 진땀을 뺐다. 당장 내일 만날 수 있을지 없을지 모르니, 크리스마스 인사로 하루를 마무리하는 이상한 날이 계속되었다. 그나마 학교는 사정을 말하면 지각이나 결석을 이해해줄 수 있으니 상황이 나은 편이다. 직장인들은 상황이 다르다. 파리에서 일하는 근로자 대부분은 하루에 2시간 이상씩 걸어서 출퇴근했다. 파리 옆 도시인 이브리Ivry-sur-Seine에 살던 S만 해도 그랬다.

S는 수업이 없는 날에는 회사에서 인턴을 하고 있었다. 다행히 회사는 재택 근무를 허용했지만, 며칠은 사무실로 나가야 했고 학교도 가야 했기 때문에 사는 곳에서 파리의 경계까지 매

일같이 걸었다. 그래도 파리 경계부터는 운행하는 버스가 있어서 다행이었다. S는 이전 파업 기간에도 인턴을 했는데 그때는 매일 5시간씩 걸었다며 어깨를 으쓱했다. 덧붙여 올해 파업은 좀 나은 것 같다며 너스레를 떨기도 했다.

하루는 S가 흥분한 상태로 목소리를 높였다.

　"내가 오늘 뭘 본 줄 알아? 시위대들이 종점에서 버스를
　가로막더라니까. 어쩐지 너무 안 오지 않았어?"

S는 아침에 시위대가 버스 차고지 앞을 가로막는 걸 봤다고 증언했다. 그러자 같은 강의실에 있던 I가 경험을 덧붙였다. I는 시위가 빈번하게 열리는 파리 동부에 살고 있는데, 역시 집으로 돌아가는 길에 시위대가 거리를 가로막았던 경우가 종종 있었다며 불평했다. 이런 이야기를 주고받는 게 당연하다고 생각할 수 있겠지만 프랑스에서는 조심스러운 일이다. 시위나 파업에 대한 불평은 친한 사이가 아닌 이상 편하게 털어놓을 수 없다.

문득 파업이 더 나은 환경에서 일하기 위한 노동자의 권리라

면 그에 대한 불평도 자유롭게 할 수 있어야 하는 건 아닌가 라는 생각이 잠시 스쳤다. 그러나 이 둘은 프랑스에서 함께 받아들여지기 어렵다. 프랑스의 기성 세대는 파업을 정당한 권리로 인식하고 있다. 연대 정신에 반하는 이야기는 쉽게 공론화할 수 없다. 우리 세대는 교과서를 통해 노동자의 권리를 배웠다. 그러나 막상 노동자가 되어 시위를 마주하게 되면 고개를 갸웃하게 된다. 시위로 빠진 상사의 자리를 주로 사회 초년생들이 채우기 때문이다. 젊은 세대가 노동자의 권리에 대해 생각할 수는 있으나, 절대적으로 공감하기 어려운 이유는 거기에 있다. 안정적인 조건 이전에 제대로 일할 기회조차 없는 사람이 태반이었다.

하루 평균 2시간을 걸어다니며 대중교통이 없는 생활에 점점 익숙해지던 어느 날, 나는 권리를 주장하는 이들의 얼굴이 궁금해졌다. 호기심을 앞세워 시위가 벌어지고 있는 바스티유 광장으로 발걸음을 옮겼다. 광장에 도착하자 후끈 달아오른 열기가 느껴지며 땅이 진동했다. 건물 뒤편, 멀지 않은 곳에서 시위가 펼쳐지고 있었다. 그러나 시위대에 합류하는 것은 어려웠다. 과격 시위를 염려한 정부가 군인들을 투입해서 거리를 통제했기 때문이다.

2018년 프랑스 대통령인 마크롱Emmanuel Macron, 1977~ 행정부의 유가 인상 조치로 노란 조끼Gilets jaunes 시위가 벌어졌다. 이듬해 연금 정책을 수정하는 계획이 발표됨과 동시에 시위는 전국적으로 확산됐는데, 이들 사이에 섞여 있는 급진주의자들의 과격한 행동 때문에 시위 반대 여론이 형성됐고 경찰의 대응도 점점 강해졌다.

시위에 원인을 제공한 마크롱 대통령은 한결같은 시장주의자다. 대통령이 되기 전부터 마크롱 법loi Macron, 2015을 제정해서 국제관광구역 ZTIZones Touristiques Internationales를 만들었고, 경제를 성장시킬 다양한 정책에도 참여했다. 그중 ZTI 정책은 관광객이 많은 곳을 특별 지역으로 지정해서 상점에 늦은 저녁을 비롯해 일요일과 공휴일 영업을 허용하는 걸 요지로 했다.

분명 효과도 있었다. 2017년 프랑스 경제재정부기업총국Direction Générale Entreprises, DGE이 발표한 자료에 따르면 시작 초기에는 시장 참여가 저조했지만 소매점의 62퍼센트가 일요일 영업에 참여하게 되었고, 10명 중 1명의 노동자는 혜택을 보고 있다고 한다. 정책의 목표가 경제 성장과 균등한 기회였던 만큼, 마냥 실책이라고 평가하기는 어렵다. 그럼에도 극심한 반대는 여전했다. 특히 일요일 노동을 두고 삶의 질과 관련한 비난이 쇄도했다. 그 사건을 보고 한 교수가 이런 이야기를 했다.

"프랑스가 일요일에 쉬기 시작한 지는 얼마 되지 않았어요. 1970년대에 들어서야 법으로 강제하게 됐죠. 그 전에는 나도 주말에 일했어요. 이건 비밀인데, 우리 연구소는 아직도 일요일에 문을 열어요."

프랑스에서는 고위 임원의 경우, 야근이나 특근 같은 추가 근무가 있다. 이들의 추가 노동은 합법이다. 시위가 과격해지던 어느 날, 오랜만에 만난 옛 상사도 나에게 한숨 섞인 말투로 개혁을 옹호했다. 몇십 시간 더 일해서 남는 거라고는 세금을 제외하고 고작 몇백 유로 더 버는 정도밖에 되지 않을 거라며.

혁명의 무대였던 바스티유 광장을 다시 채운 인파를 보며, 나는 내가 어디에 서 있는지 길을 잃고 말았다. 어떤 사람은 마크롱 행정부의 실책을 하나하나 설명하며 "프랑스 대학 소속인 너도 함께 걷자"라고 권유했고, 또 다른 사람은 "너희 나라 미디어에 우리의 현실을 알려라"라며 목소리에 힘을 주었다. 그 우리는 대체 어떤 우리일까. 나는 프랑스 학생으로서 시위에 함께해야 하는 걸까, 외국인으로서 그들의 프랑스를 응원해야 하는 걸까. 내가 갈피를 못 잡는 것처럼 불합리한 현재에 좌절하던 내 친구들 역시 시위에 참여할 이유를 찾지 못했다.

혁명의 시작에 서 있었던 바스티유 성채는, 절대 왕정이 그랬듯이 해체되었다. 성벽은 광장이 되었고 중심에는 공화국의 영광을 상징하는 기둥이 세워졌다. 혁명은 끝났고 이곳에는 여전히 현재를 살아가는 사람들이 있다. 모두 저마다의 방식, 의견이 있다. 다른 사람과 대화를 하다 보면 의견이 달라도 절로 고개를 끄덕이게 된다. 혁명은 우리에게 광장을 주고, 말할 기회를 주었다.

문득 내가 1789년 그 자리에 서 있음을 느낀다.

평등을 외쳤던 1789의 목소리에

온 세상이 휩쓸렸지만

달라진 게 있을까.

2.
어제와 다른 오늘

1

별 水가 없으면

백 년 만의 호우라는 예보와 함께 파리 전역이 물에 잠겼다. 비가 쏟아지던 밤, 아파트가 단수되면서 변기에는 오물이 쌓여갔다. 물을 내리고 싶지만 별 수 없다. 임대 계약서를 꺼내 들었다. 집주인에게 다달이 보내는 월세에 관리비와 수도세가 포함되어 있다고 써 있다. 꼬박꼬박 성실하게 입금했는데 갑자기 물이 끊겼다면 내 잘못은 아니다. 집주인에게 연락을 했지만, 그 역시도 영문을 모른다는 말만 내뱉었다. 아파트 관리 사무소에 전화를 해도 지루한 통화 연결음만 계속될 뿐이었다.

내가 살던 아파트는 상주 관리인이 없었다. 문제가 생기면 관리 사무소에 직접 연락을 해야 했다. 일반적으로 파리 시내의 아파트들은 관리인을 두고 있지만, 비용 절감을 위해 상주 인력을 없앤 경우도 있었다. 이 아파트는 1930년경에 지어졌다. 층마다 마련된 공동 화장실의 모습으로 미루어 봤을 때, 가난한 사람을 위해 만들어진 집이라는 것을 확신할 수 있었다. 어쩌면 그 시절 대다수의 서민 주택처럼 대충 지어졌던 게 아닐까. 추측해 봤지만, 답을 해줄 만한 사람은 없었다.

심지어 집주인도 아파트의 사정을 알지 못 했다. 나와 나이 차가 크지 않은 그는 투자 목적으로 아파트를 구매했다. 내가 첫 세입자였기 때문에 생각보다 잘 대해줬을 뿐, 그 집에 살아본 적도 살아볼 계획도 없었다. 낡은 아파트는 2020년대까지 여전히 나 같은 학생이나 저소득자가 거주할 공간이다. 관리가 허술했던 이유는 나와 내 이웃들의 저렴한 관리비 탓이었다.

집주인은 내일 아침에 사무실에 연락하겠다며 전화를 끊어버렸다. 속은 타들어 가는데, 하소연할 데가 없다. 이럴 때 속내를 터놓을 이웃이 있다는 건 좋은 일이다. 누수 문제로 안면을 튼 아래층 T는 외국인이었다. 이공계 박사 과정을 밟던 T는 한국에서도 살아봤다는 독특한 이력을 갖고 있었다.

"T, 아래층도 물이 안 나와?"

"응. 너희 집주인은 뭐래?"

"관리 사무소에 연락해 보라는데, 안 받아."

"그 사람들은 항상 그래."

관리 사무소는 한 블록 떨어진 거리에 있지만, 문제가 생겼을 때 제때에 와 준 적이 없었다. 프랑스인들의 일처리는 빠른 편이 아닌데다가, 출퇴근 시간을 지나치게 엄격하게 지키기 때문이다. 그날도 언제나처럼 자동 응답기만 돌아가고 수화기 저편에서는 답이 없었다.

도시는 자연과 다른 법칙을 가진다. 하늘에서 물이 쏟아져도 집 안은 메마를 수 있다. 창밖에 넘쳐나는 빗물을 두고, 내가 가진 건 생수통 속 한 줌의 물밖에 없다. 사실 파리는 물 부족의 역사가 깊은 도시다. 센 강La Seine 유역은 때때로 물이 넘쳐 고생했고, 동부 지역은 자주 가물었다. 파리를 점령한 로마가 도시를 건설하기 앞서 토목 사업을 시작했던 이유이기도 하다. 로마인들은 물고기를 잡고 나무 열매나 따던 촌락을 수로와 목욕탕이 있는 도시로 탈바꿈시켰다.

로마에 이어 이 지역을 지배한 왕조들도 지속적으로 토목 사업에 투자했으면 좋았을 텐데, 그렇지 않았다. 절대 군주에게는 손가락보다 많은 하인이 있었으니, 공공 수로에는 관심이 부족했을 것이다. 역사는 아이러니를 그대로 담고 있다. 상수와 폐수가 뒤섞여 전염병이 창궐했던 파리. 같은 시기 베르사유에서는 분수 쇼가 성대하게 펼쳐졌다.

1870년 겨울, 프랑스는 프로이센과 전쟁 중이었다. 그리고 끝까지 싸우자는 파리에는 승전보 대신 한파와 가뭄이 찾아왔다. 강은 메말랐는데 비는 내리지 않았다. 도시 밖으로는 프로이센군이 진을 치고 있었다. 당시 파리의 주요 식수원인 수도교는 지상에 있었기 때문에, 프로이센군의 손쉬운 먹잇감이 됐다. 나폴레옹 3세는 공사로 도시 표면적의 60퍼센트가 파헤쳐진 파리를 두고 도망갔고 영토는 적국에 넘어갔다. 프랑스는 접경지인 알자스-로렌Alsace-Lorraine 지역을 배상금으로 넘겨주고, 프로이센군의 파리 주둔을 허용하는 굴욕적인 조약을 맺었다.

시민들은 운명에 저항하기로 했다. 무능한 정부와 프랑스를 버리고 도시 국가를 세우려 했다. 이들이 꿈꿨던 이상을 '파리

코뮌Commune de Paris'이라고 부른다. '코뮌'은 공산주의자를 뜻하는 '코뮈니스트Communiste'의 어원이기도 하다. 전에 없던 새로운 체제를 꿈꿨기 때문에 급진주의 사상가들이 선봉에 섰다.

이 단어는 행정 구역을 칭하는 명사로 프랑스에서 널리 쓰인다. 한번은 공식 문서에서 코뮌을 보고 당황한 적이 있다. 공산주의에 알레르기가 있는 사회에서 자란 나는 단어의 의미에 대해 한참을 고민했다. 뜻을 안 뒤에도, 코뮌 칸에 '남한 출신 리버럴'이라 적어야 할 것 같은 느낌을 받았다.

다시 과거로 돌아가보자. 시위대는 무기고를 점령하고 무력 저항을 시작했다. 당시 프랑스 행정부는 폭력으로 답했다. 파리는 그렇게 봉쇄됐다. 도시를 오가는 모든 물자가 끊겼다. 설상가상으로 그해 겨울은 가뭄에 혹한이었다. 수로가 파괴된 데다가 강도 얼어붙었다. 시민군의 불만은 절망으로 돌변했다. 곧이어 시장이 요동쳤다. 와인보다 물값이 더욱 비싼 현상이 발생했다. 그리고 물값을 지불할 수 없는 사람부터 낙오되기 시작했다. 식수 부족은 화약보다 더 치명적이었다.

계절이 바뀌었다. 도시에 다시 봄이 왔다. 비극적인 상황에서 살아남은 사람들은 희생자를 애도하는 마음을 담아 성금을 모았다. 파리에서 가장 높은 몽마르트르 언덕에 사크레 쾨르 성당Sacré-Cœur을 세웠다. 비극을 지켜본 영국 출신 자선 사업가 왈라스Richard Wallace, 1818~1890는 사비를 털어 분수대 모양의 공공 식수대 설립 사업을 도왔다. 다시는 이 도시에서 물 때문에 사람이 죽지 않길 바라며, 그 겨울의 상처를 분수대로 보듬었다.

왈라스가 기부한 분수[11]는 아직도 곳곳에 남아있다. 변화를 요구하는 시대 분위기와 어울리는 디자인으로, 제작 비용과 시간을 줄이기 위해 철로 만들어졌다. 그 덕분에 백 년도 더 지난 지금까지 유지, 보수가 쉽다. 분수대를 잘 살펴보면 설립연도인 '1872'라는 숫자가 쓰여 있다. 혹한의 비극이 끝나고 찾아온 따스한 봄날의 숫자는 그렇게 기록됐다.

그렇다면 지금은 물 때문에 고통받는 사람이 없을까. 내가 사는 아파트가 단수됐던 그날 밤처럼, 물은 언제든 자신의 중요성을 상기시킬 준비를 하고 있을지도 모른다. 사회학자 니콜라 주냉Nicolas Jounin, 1981~은 『부자동네보고서Voyage de classes』에서 파리 대표적인 부촌 샹젤리제 거리Avenue des Champs-Élysées와 몽쏘Monceau 지역의 시설물을 계층론적인 관점에서 접근한다. 공공 수영장을 예로 들어 보자. 부자들에게는 있든 없든 중요하지 않다. 개인 수영장을 만들거나 고급 스포츠 클럽에 가면 그만이다. 공공 설비가 낙후되거나 불편하다면 이용하지 않을 확률이 더 높다. 오히려 시설물을 없애고 세금을 줄이는 데 찬성할지도 모른다. 이런 이유로 샹젤리제 거리를 포함한 파리 8구역은 전체 스무 구역 가운데 공공 스포츠 및 문화 설비 점수에서 최하위를 기록했지만, 딱히 문제 의식을 느끼지 못하는 듯 하다.

관리 사무소를 향해 들리지도 않을 욕을 하며 막힌 변기를 내리기 위해 생수를 붓다가 문득 이런 생각이 들었다. 누군가는 관리인이 상주하는 고급 아파트에 살거나 변기에 들이붓는 생수 몇 통쯤은 아깝지 않을 것이다. 반대로, 다른 어떤 이는 생수 값이 아까워 하룻밤을 꼬박 오물 냄새와 함께해야 할지도 모른다. 비열하게도 후자를 생각하니 내 처지가 조금은 나아 보인다.

물은 어디에도 있고, 또 어디로든 흐른다. 창밖에 흩뿌려지는 저 액체도 물이라 불리고, 알록달록 포장지로 치장된 생수병 속 내용물도 물이다. 물에 종류나 가치를 부여하는 게 근래에 갑자기 생긴 악습은 아니다. 어떤 물건이든 값을 매기는 건 수요와 욕망이다. 모두가 원한다면 값은 오르기 마련이다. 봉이 김선달이 대동강 물을 팔았던 것처럼, 가치가 있다면 언제든 값을 매길 수 있다. 다만 적당한 순간 쏟아지고 솟아나게 하려면 많은 수고가 필요하고, 비용이 따른다.

파리에는 호화로운 분수를 가꾸다 쫓겨난 권력자와 식수대를 만든 자본가가 있었다. 이들이 남긴 역사에 고통과 상처가 물처럼 쓸려 내려가고 삶이 고였다.

오늘도 물은 어디선가 들어와서
또 어디론가 흘러나간다.

2

우리 둘째가 생선 장수랍니다

파리에 도착해 처음으로 계약한 내 집은 고급 주택가에 있었다. 그러나 나는 겉도는 느낌이었다. 관리인 부부는 이사하고 1년이 지날 때까지도 인사를 받아주지 않았다. 친구들은 워낙 이상한 사람들이 많아서 그런 거라고, 16구역 사람들은 원래 거만하다며 위로를 건넸지만, 속상한 마음은 어쩔 수 없었다.

그 집은 고급 아파트 안뜰에 위치한 하녀방이었다. 파리의 아파트에는 지붕 바로 밑에 다락방이 위치하곤 했는데, 이는 실제 과거에 하녀가 거주했던 공간이다. 안뜰 계단으로 일곱 층을 걸어 올라가면 복도가 나왔는데, 방공호처럼 다닥다닥 붙어있는 문들 중 가운데가 내 방이었다. 별로 좋은 곳은 아니었다. 공간 효율성을 위해서인지 방들 사이의 벽이 너무 얇았고, 내 이웃들에게는 서로의 생활을 배려해주는 미덕이 부족했다.

내 오른쪽 집에 사는 사람은 동유럽계 슬라브인이었다. 그녀는 항상 친구들을 초대했고, 새벽 3시에는 발작처럼 갑자기 벽을 두드리며 소리를 질러댔다. 왼쪽 집에는 아시아인이 살았는데, 그 여자의 흥얼거리는 소리가 밤새 벽을 타고 내 방까지 전해져 왔다. 고요해서 정적이 감도는 저녁이면 멀리 퍼지는 노랫소리에 나는 종종 악몽까지 꾸곤 했다. 둘 다 이웃으로는 최악이었다. 새벽에 갑자기 벽을 두드리며 소리를 지르거나 밤새 콧노래를 부르는 건 아무리 생각해봐도 정상이 아니었다. 이들에게 조용히 해달라고 부탁해 봤지만, 오히려 너는 평소에 안 떠드냐며 따지고 드는 태도에 기가 질렸다.

하루는 두 칸 옆방에 사는 L과 만나 이웃에 대한 불평과 하소연을 늘어놓았다. 내 말을 들은 L은 다음과 같이 답했다.

"생각해 봐. 벽이 온통 하얗고 좁은 방에서 하루 대부분의 시간을 보내는 거야. 원래 어떤 사람이었는지는 중요하지 않아. 그렇게 고립되면 점점 외골수가 되어가는 거지."

"언니, 그럼 저는 어떻게 해야 할까요?"

"더 나은 곳으로 이사 가야지. 좋은 사람을 만나서 가정을 꾸리는 것도 좋고, 아니면 빨리 더 괜찮은 일자리를 구하든지."

"이것도 저것도 아니면?"

"한국으로 돌아가는 것도 한 방법이지."

나는 어떻게든 파리를 이해하고 싶었다. 이곳으로 떠나온 내 선택이 틀리지 않았다는 걸 증명하고 싶었다. 그런 이웃들 사이에서 밤새 공부하고 노력했지만 0점이라는 시험 점수를 받은 어느 날 저녁, 나는 다시 좌절했다. 그 감옥 같은 방으로 귀가해야 한다는 현실에 미칠 것 같았다. 학교를 나와 무작정 길을 따라 걸었다. 그러다 어떤 동네에 이르렀다.

"괜찮아요?"

우울한 내 얼굴을 본 할머니가 말을 건넸다. 나는 괜찮은 걸까. 주위 사람들이 나의 귀국을 확신하던 그 무렵, 어떻게든 더 노력을 해야겠다는 생각이 들었다. 그러나 그 두 사람 사이에서는 불가능했다.

이사를 결심하고 새로운 마음으로 거처를 구했다. 그렇게 찾아낸, 내 마음에 쏙 드는 집은 우울한 표정의 나에게 안부를 묻던 그 할머니가 사는 동네인 마흐꺄데-뿌아쏘니에흐Marcadet-Poissonniers에 있었다.

마흐꺄데-뿌아쏘니에흐는 지역명이자 거리의 이름이고, 동시에 지하철역의 명칭이기도 하다. 관광지로 유명한 몽마르트르 옆에 위치해 인기가 많은 편이었다. 흔히 몽마르트르를 빈민가라고 오해하곤 하는데, 이는 잘못된 편견이다. 바로 옆쪽에 구뜨도흐Goutte-d'Or라는 아프리카계 무슬림의 게토 지역이 있다. 구뜨도흐의 이미지가 강하다 보니 자연스레 주변부도 환경이 좋지 않다고 입소문이 났지만, 몽마르트르는 많은 사람이 살고 싶어하는 지역이다.

마흐꺄데-뿌아쏘니에흐는 몽마르트르보다 게토에 더 가까이 있어 집값이 저렴했다. 몽마르트르와 이웃 지역 라샤펠La Chapelle의 경계였던 곳이다. 이 경계선을 따라 드니 항구Port de Saint-Denis에서 파리로 들어오는 길이 있었고, 물류의 이동을 따라 장이 들어서기도 했다. 이곳의 지명은 그렇게 만들어졌다. 마흐꺄데Marcadet는 라틴어에서 유래해 무역이나 시장, 축제 등을 일컫는 단어이고, 뿌아쏘니에흐Poissonniers는 파리로 생선을 운반하던 생선장수들을 의미한다. 어떻게 생겨난 길이고 또 어떤 역사가 있는지 지명에서 밝히고 있었지만 처음에 나는 그 단어들을 몰랐다.

집을 보러 다니던 당시, 이곳을 지나는 지하철을 자주 이용하고 있었기 때문에 안내 방송을 통해 지명을 들었다. 지금도 크게 나아지지는 않았지만, 그 시절에는 프랑스어를 나 좋을 대로 듣고 해석하곤 했다. 내 귀에는 '마 꺄데트, 뿌아소니에흐Ma cadette, poissonnière'라고 들렸다. 직역하면 '내 둘째 딸은 생선 장수'라는 뜻이다. 내가 알고 있는 단어로 그나마 말이 되는 조합을 찾은 결과였다. 그 생각을 입 밖으로 꺼내기 전까진 아무런 문제가 없었다. 그러나 친구와 대화를 나누자 혼선이 생겼다.

"요즘 집 보러 다닌다며. 괜찮은 곳을 찾았어?"
"응, 마 꺄데트 뿌아쏘니에흐 근처에 좋은 집을 찾았어."

단순히 발음이 틀린 걸로 받아들인 친구는 지명에 대해 다시 물었고, 무난하게 넘어가는 듯했다. 그러나 이내 되물었다.

"지명이 참 이상하네. 프랑스에는 생선 장수가 된 둘째에
대한 이야기라도 있는 거야?"

나는 마치 정말 있는 이야기인 양 둘째에 대한 상상을 줄줄이
늘어놓고 말았다. 귀가 안 좋은 대신 상상력이 좋았던 나는, 내
실수를 뒷받침할 만한 프랑스 민담이라도 있을 거란 생각을 하
고 있었다. 심지어 근처의 유명한 생선 가게까지 찾아보고 있
었다.

마흐꺄데 시장은 중세부터 르네상스 시기인 16세기 사이에
열렸다. 매년 6월에 2주 정도 열리며 '라 푸아르 뒤 렁디La foire
du Lendit'라고도 불렸는데, 프랑스 전역에서 매우 큰 규모를 자
랑했다. 장에서는 주변 유럽 국가뿐 아니라 멀리 비잔틴에서
온 물건들까지 거래되었다. 가장 중요하게 취급된 품목은 대
학교에서 사용하던 양피였다고 한다. 장터에 방문하는 것
은 학생들에게 특히 중요한 연례행사였다. 그러나 그렇게 대
단했던 시장도 세월을 이길 수는 없었다. 시장은 거리에 마흐
꺄데라는 지명만 남기고 역사 속으로 사라졌다. 반면, 생선 장
수들은 파리의 중앙 시장 레알Les Halles로 자리를 옮겼다. 사람
들이 사라진 거리에는 이름만이 남아 그 시절을 기억한다. 마

흐꺄데 길에서 5분 정도 걸어 내려오면 구뜨도흐가 나온다. 동네 특성상 동방에서 온 물건들이 가판대 위에 올라 있다. 특히 이 지역에 위치한 디쟌 마켓Marché Dejean과 바베스 마켓Marché Barbès은 이국적인 식재료와 향신료를 구할 수 있는 곳으로 유명하다.

나는 소위 부촌이라는 16구역을 떠나서, 관광지와 이민자촌 사이의 오솔길로 이사하기로 했다. 에펠탑La Tour Eiffel이 보이는 창 밖 풍경과 고급 주택가의 우편번호를 버리는 게 하나도 아깝지 않았다. 새로운 동네에는 파리에 온 지 고작 1년 정도 되는 동양인을 반갑게 맞이하고, 지나가는 외부인에게도 인사를 건네는 정다운 이웃이 있었다. 장소가 변화해도 여전히 그 자리에서 따스함을 나누는 사람들이 있다.

이왕이면 나는 그런 곳에 섞여 들고 싶었다.

니콜라는 행복할까

〈엘리제궁의 요리사Les Saveurs du palais〉라는 영화에는 이런 대사가 나온다.

> "제 이름 니콜라Nicolas는 포도주 업자에서 유래했어요.
> 그리스어로 포도주를 일컫는 단어에서 따왔지요."

이 소개를 들은 주인공은 잠시 멈칫한다.

프랑스에서 니콜라라는 이름이 철수만큼 흔하기 때문일까. 유명 와인 업체 이름 역시 '니콜라'다. 그래서인지 프랑스인이라면 어김없이 몇 초 뒤엔 웃음을 터뜨린다.

스치듯 넘겨본 영화 속의 한 장면에도 같은 문화를 공유한 사람이라면 공감하는 부분이 있다. 그 포인트는 배움의 영역과는 전혀 상관없이 사람들의 기억을 관통한다. 구성원이 아니고서야 알 수가 없다. 사회는 그렇게 은연중에 서로의 정체성을 굳건하게 한다.

프랑스인들의 기억을 관통하는 장소는 어디일까. 그들의 기억 속에 있을 법한 니콜라들을 되짚어 본다. 우선 대통령이었던 니콜라 사르코지Nicolas Sarkozy, 1955-가 있다. 앞에서 언급했던 주류 업체 니콜라도 있다. 그러나 가장 유명한 것은 아무래도 르네 고시니René Goscinny, 1926~1977와 장 자끄 상빼Jean-Jacques Sempé, 1932~의 작품 제목이자 주인공인 『꼬마 니콜라Le Petit Nicolas』가 아닐까.

『꼬마 니콜라』는 1960년대에 쓰인 동화책으로, 프랑스에 니콜라 열풍을 일으킨 주역이기도 하다. 이야기는 평범한 중산층 가정에서 태어난 말썽꾸러기 소년에 대한 짤막한 에피소드들로 이루어져 있다. 시시콜콜한 일상 이야기로, 책 내용 자체는 평범하지만 그렇기 때문에 프랑스인 모두에게 공감을 이끌어 내 큰 사랑을 받았다.

책이 이렇게 인기를 끌 수 있었던 이유는 전쟁이 끝나고 평화가 찾아온 1960년대 프랑스 사회에서 찾을 수 있다. 경제는 성장하고 있었고, 풍요로운 분위기 속에서 더 많은 아이가 태어났다. 담장 너머로 아이들의 웃음소리가 들리고 중산층 가족들이 함께 장밋빛 미래를 설계하던 바로 그 시대 분위기가 책 속에 있다. 낭만과 희망, 그리고 밝은 분위기가 잔뜩 묻어나는 것은 당시의 시대상을 온전히 반영했기 때문이다. 2000년대에는 영화로도 제작됐는데, 이때 제작사는 20구역에 위치한 캄파뉴 아 파리Campagne à Paris라는 지역을 촬영지로 선택했다. 그 흔한 니콜라들이 살았을 것 같은 동네, 이곳에 프랑스의 과거를 상징하는 무언가가 있을지도 모른다는 생각이 들었다.

캄파뉴 아 파리, 직역하면 파리의 시골이라는 뜻이다. 역설적인 두 단어를 매치했다. 영화 제작진은 원작에 충실하게, 1960년대의 평범한 중산층 가족이 거주할 만한 주택을 찾았다. 영상으로 담으면 아름다울 풍경까지 갖춘 곳이었다. 그렇게 중심지에 밀려 개발은 더뎠지만 주민들이 잘 가꿔 온 동네가 주목을 받게 됐다.

이 단지가 세워졌던 이유는 더 넓은 주거지 확보를 위해서였다. 19세기 말부터 파리는 급증하는 인구를 수용하기 위해 다른 대도시들처럼 변두리 지역을 개발했다. 예상 수요자는 높은 집세를 감당하기 어려운 저임금 노동자였다.

예전에 이곳에는 채석장을 비롯한 산업 시설이 위치해 있었다. 흔히 이 부근을 노동자들의 거리라고 부르는데, 일자리를 찾아 정착한 빈민들의 판자촌이 있었기 때문이다. 부지를 개발하며 산업 시설과 사람들은 더 외곽으로 밀려났는데도, 과거의 꼬리표가 그대로 남아 여전히 이곳을 서민의 동네라고 부른다.

노동자들이 아니었다면 파리는 발전할 수 없었을 것이다. 이곳에서 생산된 자원과 노동자들 덕분에 파리는 더 화려해졌다. 그렇게 고급 주택가와 백화점이 세워지는 동안, 이곳은 땅속까지 파헤쳐진 채석장과 공장, 판자촌으로 변해갔다. 벨 에포크Belle Époque[12] 시대의 어두운 이면은 주점이나 사창가가 아닌 바로 이곳에 있다. 1926년, 도시 개발이 마무리되자 보상이라도 하듯 파리 외곽을 따라 목가적인 주택 단지가 건설됐다. 평범한 니콜라의 가족이 자리잡기 전까지의 이 마을에는 그런 이야기가 있었다.

다시 책을 펼친다. 니콜라의 가족들은 어떻게 되었을까. 이야기를 읽을수록 뒷이야기가 궁금해진다. 하지만 우리는 알 수 없다. 여느 동화처럼 니콜라는 영원히 꼬마로 남고, 가족들도 그 모습 그대로일 것이다.

걷다가 우연히 함께 산책을 나온 할아버지와 손주를 만났다. 할아버지가 니콜라의 이야기를 들려주자 손주가 환하게 웃는다. 오래된 추억에 아이가 관심을 보일 때, 소통의 문이 열린다. 공통의 관심사는 또 다른 질문을 이끌어 낸다.

그래서 니콜라는 행복하게 살았을까.

에펠이 130년을 살아남은 이유

"재미있는 사실 하나 말해줄까요? 이 마을의 테라스는
전부 북쪽을 향하고 있어요. 창이 응달 방향으로 나 있는
거죠."

어느 부활절 연휴, 나는 투어 택시 안에 앉아 있었다. 보통은
적막이 흐르기 마련일 텐데 그날은 기사의 들뜬 목소리가 흘
러 넘쳤다. 당시 나는 작은 무역 회사에서, 동행한 친구 F는 패
션 회사에서 일하는 중이었다. 연휴라 해도 각 회사의 모든 사
람이 충분히 쉴 수 있던 것은 아니었다. 말단들에게 주어진 시
간은 주말을 제외하고 하루 남짓이었다.

고속 열차를 타고 프랑스 서쪽 끝, 해안 도시로 갔다. 그곳이 시간과 예산이 허락하는 선 안에서 가장 멀리 떨어진 바다였기 때문이다. 도착해서 도시를 조금 둘러보다 보니 어느새 일요일이었다. 그날은 우리가 가고 싶어했던 해변으로 가는 대중교통이 없었다. 급하게 호텔 로비에서 부른 택시에 올라탔다. 운전 기사는 예전에 와인 투어 인솔자로 일했던 경험이 있었는데 입담이 상당히 좋았다. 그는 묻지도 않은 도시 이야기를 해 주며 지식을 한껏 뽐냈다.

"파리를 근대 도시로 재개발한 사람들이
아르카숑Arcachon의 철길을 닦고 마을을 만들었죠. 보세요.
화려한 이 저택들이 전부 그 사람들의 별장이에요."

아르카숑은 역사가 짧은 도시다. 19세기 중엽부터 본격적인 개발에 들어갔는데, 그전까지는 아무것도 없는 한적한 어촌이었다. 도심에서 해변으로 가는 길에는 19세기 부자들이 만든 화려한 저택들이 줄지어 서 있었다. 이런 풍경은 당시 풍요롭던 사회 분위기를 보여준다. 버는 대로 흥청망청 쓰는 게 나쁜 것만은 아니다. 사회 전반에 넘치는 여유는 발전의 원동력이 되기도 한다.

파리의 랜드마크, 에펠탑을 지은 구스타프 에펠Gustave Eiffel, 1832~1923이 떠올랐다. 그는 이 지역 전망대Observatoire Sainte-Cécile 공사에 참여했다. 전망대에는 그의 이름이 그대로 묻어 에펠의 탑이 되었고, 모래사장에 발자국이 찍히듯 도시 전체에 고스란히 남았다. 옛말에 호랑이는 죽어서 가죽을 남기고 사람은 죽어서 이름을 남긴다고 했다. 수명이 아무리 늘었다 해도 평균 수명은 아직도 백여 년이 채 되지 않는다. 적극적으로 뭔가를 하지 않는 한 대대손손 이름을 남기기 어렵다.

그렇다면 이름을 지명에 녹이면 어떨까. 지명은 부담없이 부를 수 있고, 오래도록 자연스럽게 기억에 남는다. 건축물이나 도로를 만들고 누군가의 이름을 붙이면 언젠가 사람은 사라져도 이름은 남는다. 세계에서 가장 유명한 탑을 설계했던 에펠도 같은 생각을 했을까. 에펠탑은 1889년 만국박람회Exposition universelle를 위해 건설됐다. 만국박람회는 1851년 영국 런던에서 시작한 전시회로, 발전하던 산업 기술을 전시하고 과시하기 위해 열렸다. 특히 철로 만들어진 건축물을 선전하는 게 유행이었는데, 첫 박람회에서 영국은 철과 유리를 사용해서 지은 수정궁Crystal Palace을 공개했다. 프랑스도 비슷한 양식의 그랑 팔레Grand Palais를 공개했지만 시선을 사로잡는 데엔 실패

했다.

이후 1889년에 열릴 박람회는 프랑스 혁명 100주년 기념을 겸하고 있었기 때문에, 프랑스에서 수정궁 같은 혁신적인 건축물을 공개할 거라는 대중적인 기대가 높았다. 그렇게 높이 300여 미터의 철탑 프로젝트가 시작되었다. 공사를 맡은 에펠은 뛰어난 철골 구조 전문가였다. 그의 흔적은 프랑스는 물론이고 유럽 전역에, 심지어 미국의 자유의 여신상에도 남아 있다. 대단한 전문가였지만, 건설 당시 에펠탑은 구조적인 문제로 대중은 물론 동료 건축가들에게도 손가락질을 받았다.

그 덕에 연일 화제거리가 되었다. 사람들은 탑의 정체에 대해 점점 관심을 갖기 시작했다. 그렇게 프랑스 전역의 조명을 받게 된 에펠탑에는 개장과 동시에 엄청난 인파가 몰려들었다. 이듬해 입장료만으로 전체 공사비의 절반에 해당하는 수익을 냈다. 성공이었다. 이 사례는 곧 반향을 일으켜 당대 유명한 예술가들에게 영감의 원천이 되었고, 프랑스에서는 새로운 예술 기조가 탄생했다. 그러나 안타깝게도 이 탑은 잠깐의 전시를 위한 건축물이었다. 당시의 박람회 건축물들이 대부분 철거된 것처럼 에펠탑도 20년 후 사라질 예정이었다.

그렇다면 에펠탑은 어떻게 지금까지 살아남았을까. 1898년, 위젠 뒤크레트Eugène Adrien Ducretet, 1844~1915가 전화선 없이 교신하는 전파 기술을 개발하는 중이었다. 당시 탑이 위치한 장소는 파리의 변두리에 있는 공터였다. 에펠탑은 새로운 기술을 적용하기에 적절했다. 머지않아 전파 송수신 실험이 진행되었다. 이를 통해 에펠탑에서 파리 중심인 팡테옹Panthéon까지 교신에 성공하는데, 이후 에펠은 탑에 송신 기지를 설치하는 데에 적극적으로 도왔다. 1913년에는 미국까지 송신에 성공하고, 이듬해에는 제 1차 세계 대전의 치열했던 마른 전투Bataille de la Marne에서도 교신으로 공을 세웠다. 한때 누군가로부터는 흉물이라고 비난받던 철탑의 위대한 변신이었다.

지금은 1889년 만국박람회를 모르는 사람은 있어도 에펠탑의 이름을 모르는 사람은 없을 것이다. 살아남기 위해서는 달라지는 세상에 빠르게 적응하고 가치를 증명할 수 있어야 한다. 에펠탑은 송신 기지로서의 존재를 증명했기 때문에 살아남았다. 만일 에펠탑이 이색적인 철탑에 안주했다면 교과서나 건축 자료에서나 볼 수 있는 과거의 유산이 되었을 것이다. 세상에 이유 없이 남아있는 것은 없다.

다시 택시 안으로 돌아와, 운전 기사가 해준 이야기를 떠올려 본다. 아르카숑 해변의 겨울 마을La Ville d'Hiver에 있는 건물들은 발코니가 북쪽으로 나 있다. 주민들의 피부를 보호하기 위해서였다. 19세기에 뽀얗고 하얀 피부는 상류층의 상징이었기 때문에 별장의 발코니를 해가 들어오지 않는 북쪽으로 냈다. 그러나 그 시절의 상식은 이제 통용되지 않는다. 사람들은 발코니 방향이 이상하다고 말하지, 초기의 설치 의도를 알려고 하지 않는다. 대신 남쪽으로 새 창을 낼 뿐이다. 그 이상한 마을에도 에펠의 손길이 닿은 또 하나의 전망대가 서 있다. 우리는 그 전망대를 바라보며 건축물의 이름 대신 에펠을 먼저 떠올린다.

존재하기 때문에
기억되는 걸까,
기억되기 때문에
존재하는 걸까.

5

보보의 속뜻

사람들은 편견을 갖는 게 나쁘다고들 말한다. 그러나 편견이란 때로는 현상을 빠르게 포착하고 행동하는 잣대가 되기도 한다. 슬프게도, 편견이 계속 남는다는 것은 그만큼 이전의 논리에 반박하기 어렵다는 반증이기도 하다.

19구역 무자이아 주택 단지 주변은 주로 정부 보조금을 받는 저소득층이 산다. 그곳에서는 상식적으로 일어나서는 안 되는 일들이 계속해서 벌어지고, 공권력이 종종 개입한다. 그러나 이런 복잡한 사정에 의해 생긴 선입관을 제외하면 악평을 들을 만한 다른 이유는 없다. 이곳의 가장 큰 장점은 희소성이다.

당시 다른 유럽 도시들이 외곽에 부촌을 개발했던 반면 파리의 부르주아들은 중심지에 남길 원했다. 도심은 고급 주택 단지로 변해갔다. 이런 모습은 오늘날에도 여전하다. 파리 중심부의 매물들은 비싼 값에도 불구하고 시장에 나오기가 무섭게 새 주인을 만난다.

파리의 도시 개발 방향은 어떤 면에서는 냉정해 보인다. 예상 입주민의 성향까지 반영해 계획에 넣는다. 비교적 부촌으로 알려진 파리 서부 외곽에도 비슷한 주택 단지가 세워졌는데, 동부 단지와는 이름부터 차이가 난다. 새로운 단지에는 옛 귀족 가문 이름에서 따온 '몽모헝씨Montmorency' 같은 명칭이 붙었다. 이름에서부터 고급스러운 느낌이 물씬 풍긴다.

반면, 동부에는 자유, 평등, 박애 같은 혁명 사상을 떠올리게 하는 지명이 붙었다. 이는 동부는 이렇고 서부는 저럴 것이다라는 편견이자, 당시 개발 계획의 방향성을 보여준다. 지역명은 곧 상품이기 때문에 소비자의 마음을 사로잡기 위한 전략이 필요했을 것이다. 그 명칭은 지금까지 남아 거리에 사는 사람들을 짐작하게 하는 실마리가 됐다.

목가적인 주택은 그 시기의 유행을 반영했다. 도시로 터전을 옮겨온 사람은 고향을 그리워했다. 그즈음 생긴 휴가라는 새로운 문화는 정원 딸린 주택에서 흙을 만질 여유를 만들어 주기도 했다.

최초 설계자들은 노동자들을 위해 무자이아 거리의 주거 단지를 계획했지만, 실제로는 소상공인이나 회사원 등 중산층이 입주했다. 이것은 20세기 초중반에 급변하던 프랑스를 보여주고 있다. 경제는 호황이었고, 모두가 계층 이동의 사다리를 순조롭게 오르던 시절이었다. 어쩌면 개발과 동시에 젠트리피케이션이 시작됐는지도 모른다.

무역 회사에서 일하던 시절, 한번은 부동산 업자와 파리의 집값에 대해 잡담을 나눴다. 당시 내가 일하던 사무실 측에서 이사를 위해 부동산 매매를 원했기 때문에 중개인이 자주 들르곤 했는데, 그들을 응대하는 일은 말단 직원이었던 나의 담당이었다. 그들이 여러 번 찾아왔던 이유는 매물 가격 때문이었다.

집주인은 나이 지긋한 노인이었다. 그가 어렸을 때는 가족이 함께 살았다고 한다. 이 가족들은 흩어져 다른 곳으로 이사한 후에도 아파트를 팔지 않고 있었는데, 그렇게 마지막 후손인 노인에게까지 이르렀다. 노인의 가족들이 언제부터 이 아파트를 보유했는지는 모른다. 그러나 유년 시절부터 지금까지만 세어 봐도 한 세기 가까이 된 것이니, 백여 년 만에 시장에 나온 셈이다.

노인의 아파트는 파리의 여느 고급 아파트처럼 층고가 높았고 바닥에는 값비싼 목재가 깔려 있었다. 하지만 관광지와 가깝고 소음에 취약한 길가에 위치해 있었다. 무엇보다 구조가 이상했다. 커다란 거실과 안방을 나란히 두고 현관이 지나치게 넓게 조성됐는데, 주방과 화장실의 위치가 모호했다. 사무실로 사용하기에는 큰 문제가 없었지만 주거 공간으로는 여러모로 불편한 형태였다. 그러나 주인은 아랑곳하지 않고 높은 가격을 부르고 있었고, 나는 이 아파트가 과연 팔릴지 궁금해졌다. 그러나 중개인은 부동산 가치는 절대 떨어지지 않는다고 답했다.

"어떻게 그래요? 전쟁 중에는 떨어지지 않을까요?"
"그렇지 않아요. 일단 이곳에는 매물이 굉장히 드물고,

거래 주기가 길어요. 집마다 상황도 다르고 주소지마다 특색도 달라서 같은 매물은 거의 없죠. 이 집도 길가에 있지만, 창가에서 에펠탑이 보이잖아요. 이런 집을 원하는 고객도 분명히 있죠. 그러니 집주인이 부르는 게 값이에요."

"그래서 조건부매매viager로 파는 거예요?"

노인은 분할 상환으로 집을 판매하길 원했는데, 자식이나 상속인이 없기 때문이었다. 이는 판매자에게 매달 정해진 금액을 월세처럼 송금하는 연금식 계약이라고 볼 수 있다. 주인이 사망하면 집은 계약자 명의로 넘어간다. 과하게 집세를 내게 될 경우를 대비한 보험 상품까지 나와 있는, 프랑스에서 보편적인 형태의 매매 방식이다.

중개인의 사탕발림에 넘어간 나는 상사에게 구매 의사를 재차 물었다. 당장 지불해야 하는 금액이 주택 가격의 10분의 1 정도밖에 안 되고, 현재 세입자인 우리 회사에 우선권이 있는데 어째서 구매하지 않는 건지.

"앞으로 어떻게 될 줄 알고? 돈이 묶이는 부동산 자산을 덜컥 구매하기에는 리스크가 크지."

회사는 매입을 거절했지만, 그 아파트는 시장에 나간 지 몇 달이 지나지 않아 바로 팔렸다. 무자이아 길의 그 집도 그랬을 것이다. 사람들은 전쟁 중에도 보존되는 재산의 가치를 무시할 만큼 바보가 아니다.

아이러니하게도 서민 주거지로 계획됐던 단지들의 거주자들은 대부분 지식층과 중산층이다. 흔히 파리 서부 지역 거주민을 부르주아, 동부 주민을 부르주아-보헤미안Bourgeois-bohème을 줄인 보보Bobo라 표현한다. 서부에는 고상한, 동부에는 자유분방한 부자들이 살고 있다는 뜻이다. 이 농담 속에는 중산층 이상이 아니면 파리에 살기 힘들다는 냉소적이고 비판적인 어조도 들어 있다. 그래서 보다 근본적인 질문을 해본다. 노동자의 거리를 설계하는 것이 가능할까. 아무래도 거주자를 예측해 지역을 계획하긴 어려워 보인다. 그곳이 부동산 수요가 많은 파리라면 더 어려울 것이다.

무자이아 길에서 고개를 돌려 보면 아기자기한 골목 너머 새하얗게 서 있는 콘크리트 더미가 보인다. 중산층 이하의 사람들이 살 수 있는 대표적인 공간이다. 파리의 주택 문제는 상상 이상으로 심각하다. 뉴스에 따르면, 10제곱미터도 안 되는 작은 방에 10여 명이 함께 거주하기도 한다. 이런 사실들은 영화 소재로도 쓰일 만큼 널리 알려져 있다.

사실 프랑스 법은 인간다운 집의 최소한의 기준을 정해 뒀다.

> "9제곱미터 이상의 공간에 해가 드는 창문, 대략 2미터
> 이상 높이의 천장."

이 조건에 맞지 않으면 인간이 거주할 만한 공간이 아니다. 그러나 그 최소한의 기준이 이민자들을 10제곱미터의 단칸방으로 몰아넣었다. 슬프지만 법은 살아가는 방법을 선택할 권리까지 보장해 주지는 않는다. 동부의 보보들은 이런 부조리를 매일 마주하니 파리의 타 지역보다 진보적이고, 열려 있는 편이다.

그러나 보이지 않는 경계가 서로를 가로막는다. 멀리 콘크리트 건물들을 보며 빌라로 시작되는 거리로 들어서면 산책을 나온 부르주아들이 보인다. 사진 찍기 좋은 명소로 소문났기

때문이다. 그렇게 일요일 오후에는 몇천 유로씩 하는 카메라를 목에 맨 사진가들이 심심치 않게 등장한다. 반대로 대로나 단지의 입구, 교차로는 그래피티 낙서꾼들이 점령했다. 의미를 알 수 없는 이미지로 뒤덮인 자동차들이나, 대마초 섞은 담배를 말아 피우는 껄렁한 청년들이 서 있는 풍경은 뭔가 꺼림칙하다. 그 상반된 풍경을 두고 선글라스를 쓴 시크한 파리지앵의 유리잔에 바텐더가 모히토를 따르고 있다.

때로는 관찰하며 걷는 것만으로도 거리의 역사와 문화, 더 나아가 사회까지 이해하게 된다. 대량 보급을 위해 지어지는 아파트는 최소한의 자재를 쓸 수밖에 없다. 그러다 보니 정성 들여 짓기 어렵고, 그렇게 지어진 저소득 거주자의 생활 공간이 좋을 리 없다. 좁디좁은 방에 몸을 밀어 넣고 잠을 청하는 이민자들을 생각하면 도시에는 더 많은 대형 아파트를 만드는 게 옳다.

다시 부르주아의 거리를 바라본다. 단지 바깥쪽에는 낙서와 지린내가 가득한 반면, 안쪽은 무척 깨끗하다. 부자들의 저택에나 있을 법한 경보 장치도 달려 있다. 도심에서도 구석구석 악취가 나는데, 골목 안쪽이 깔끔하게 유지되는 건 기적이다. 의

심할 여지없이 누군가의 세심한 노력 덕분이다. 이곳이 주는 편안함과 안전함은 애정 담긴 누군가의 손길에서 시작된다.

만약 이 거리가 처음 계획처럼 노동자에게 분양됐어도 지금과 같은 모습이었을까. 그 답을 빌라 단지 경계 밖, 정글처럼 방치되어 있는 콘크리트 덩어리에서 찾아본다. 우리는 어떤 것의 옳고 그름을 또렷하게 알기 어렵다. 아무리 세심하게 주의를 기울여 관찰해도 놓치는 것들 투성이다.

딱딱한 콘크리트 사이로 오늘도 편견만 잔뜩 쌓여간다.

6

의미 없는 선 긋기

어느 날, 이미지 사회학 수업에서 교수가 제안을 했다.

"거리로 나가서 쓸모 있는 연구를 해 보지 않을래요?"

어떤 쓸모를 말하는 걸까. 그 말에는 지금까지 우리가 의미 없는 시간을 보냈다는 질책의 뜻이 있는 걸까, 아니면 강의실 밖으로 나가서 좀 더 나은 연구를 하라는 독려 같은 것일까. 어쨌든 이 연구는 기존과는 다르게, 새롭게 시작됐다. 이제까지 학생들은 교수님이 어딘가에서 받아온 연구를 보조하는 방식으로 자신의 쓸모를 증명했다. 그러나 이번에는 그 스스로 주제를 정해 사회를 분석하는 작업을 하게 되었다. 괜찮은 자료가 나오면 파리도시계획연구소Atelier Parisien d'Urbanisme, APUR나 인구연구소Institut National d'Études Démographiques, INED 등의 학술지에 투고해 보기로 했다. 연구 주제는 이민자, 방법은 이미지 분석. 이외의 세세한 계획은 뒤로한 채 일단 거리로 나섰다.

교수의 개입이 사라지자, 참신하고 다양한 아이디어가 쏟아졌다. A는 거리의 간판이나 공고 같은 부착물을 모아서 분석한다고 했다. 이주민 출신의 저임금 노동자들이 많이 거주하는 동네의 간판에는 글자보다 그림이 많다는 점에 주목했던 것이다. 단순 노동을 위해 유입된 이주민들은 현지 언어나 문자에 익숙하지 않다. 실제로 프랑스어는 물론 모국어도 읽지 못하는 노동자들도 많다. 그들에게 이미지는 문자보다 직관적인 매체다. 간판에 이미지를 강조하는 것이 다양한 출신과 인종으로 구성된 파리 시민 모두를 포용하기 위한 마케팅 전략이라는 가설도 있었다.

역으로 생각해보면 '간판에 그림이 많이 보이는 지역은 다문화 생활권'이라는 해석이 가능했다. 이를 통해 통계로는 표현하기 힘든 이민자 유입 정도를 측정할 수 있을지도 모른다는 분석도 나왔다. 괜찮은 연구 계획을 들으니, 생각이 많아졌다.

"어때? 무슨 생각 좀 있어?"

"나는 아랍, 너는 중국 출신으로 보이니까, 우리 둘이
아랍인과 중국인이 섞여 있는 벨빌Belleville에 가는 거야.
사람들이랑 이야기하면서 반응도 보고 그러는 거지.
어때?"

모로코계 이민자 2세인 C는 이런 제안을 건넸다. 나는 일단 중
국인이 아니었기 때문에 C의 오해를 풀어주려 했다. C가 사실
은 자기도 아랍어를 못 한다는 이야기를 하던 중에, 다른 조원
들이 이 계획에 동의했다. 이들은 중국인 거리가 있는 13구역
을 연구지로 결정했고, 그렇게 조사가 시작됐다.

동남부에 위치한 13구역은 파리의 끝자락으로, 중국인 게토
를 지칭하는 대명사다. 색채가 뚜렷한 거리인 만큼 조심스럽
게 접근해야 했다. 파리의 구역들은 인종 차별적인 의미를 담
고 있기도 하다.

"너 13구역에 살지?"

"바베스Barbès 사는 주제에. 내 건 너네 동네 물건과는 급이
달라."

위의 질문은 단순히 거주 지역을 묻는 질문이 아니다. 중국인이냐는 속뜻이 담겨 있는데, 비꼬는 어조에 가깝다. 아래의 문장은 중고 거래를 하다 보면 흔하게 들을 수 있는 말이다. 무슬림 거주 지역인 바베스에서는 가끔 소매치기로 획득한 장물이나 짝퉁 물건들이 유통되기도 한다. 판매 물건이 정품이라는 설명에 굳이 지역 이름을 넣어 표현하는 모습은 사회 전반에 깔린 편견을 보여준다.

거리의 특색은 개성이지만 동시에 편견이기도 하다. 여러 인종이 섞여 있는 곳으로 가자는 C의 계획이 아니었다면, 내가 일부러 중국인 거리를 주제로 잡을 이유는 없었다. 결론적으로 우리는 파리의 대표적인 차이나 타운이 위치한 13구역으로 갔다. 중국인뿐 아니라 아시아 이민자들이 많이 사는 곳으로, 지하철 7호선 폿트 디브리Porte d'Ivry와 14호선 올림피아드Olympiades 사이의 삼각형 지대를 일컫는다.

처음 이곳에 정착한 아시아계는 난민이었다. 과거에 프랑스의 식민지였던 베트남에서 온 전쟁 난민과 라오스, 캄보디아, 중국 남동부 출신들이 섞여 있었다. 이들은 최근 중국 본토인들의 본격적인 유입이 있기 전까지, 프랑스 내 아시아 이민 공동체의 다수를 차지하고 있었다. 덧붙이자면 13구역이 파리의 유일한 차이나 타운은 아니다. 두 군데 더 있는데, 11구역의 벨빌, 3구역의 썽띠에Sentier다.

각 지역마다 아시아 출신 이주민들의 복잡한 역사가 얽혀 있어서 여기에 사는 아시아 사람들을 전부 중국인으로 뭉뚱그릴 수는 없다. 그렇지만 보통의 프랑스인들은 "알 게 뭐야" 하는 태도를 보였다. 나는 중국인이 아니고, 말도 통하지 않는다고 여러 차례 설명을 했지만 그들은 매번 처음 듣는 것처럼 놀라곤 했다. 잘 모르는 사람들의 사정에는 더 무관심한 법이다.

그렇게 다양한 이민자들 사이에서 혼란스러워 하는 우리 조원들에게 교수는 방향을 제시했다.

"그들의 출신지가 중국이든 베트남이든 상관없어요.
프랑스 사회에서 차지하는 비율, 그들이 미치는 영향과
역할, 이런 것들이 연구 대상입니다."

어차피 이곳에 사는 사람들 중 다수는 이민 1.5세대, 내지는 2세대 이상의 프랑스인이다. 덧붙여, 아시아 마트는 대부분 프랑스 현지와 아시아 문화권의 식재료를 함께 공급하기에 특정 문화만을 담고 있는 가게라고 정의하기 모호하다. 그나마 확실한 건 이들이 이주민이라는 것과 생활 습관이 프랑스인들과 조금씩은 다르다는 것뿐이다.

인터넷으로 진행된 조사에 참여했던 한 여성은 자신에게 베트남과 아프리카의 피가 섞여 있다고 말했다. 그녀의 할아버지는 마다가스카르 사람이란다. 마다가스카르는 인도와 이슬람인, 토착 인종이 섞여 사는 곳이다. 그녀 안에는 다양한 문화가 흐를 수밖에 없었다. 거리에서 만난 사람들의 배경과 문화는 더 복잡하다. 모호하다는 말은 13구역에 살고 있는 이민자들과 나를 포함한, 프랑스와 이민자의 경계에 있는 모든 사람들을 설명하는 단어였다.

하지만 편견과 오해가 전부는 아니다. 분명 이면도 존재한다. 이곳에서는 거의 모든 아시아 식자재를 구할 수 있다. 심지어 한국에서도 보기 힘든 식재료까지, 정말 이국적이고 매력적이다. 모두 유통 기술의 발전 덕분이다. 파리의 이민자들은 원하는 식재료를 쉽게 구하기 위해 유통 체인 업체를 만들었다. 다문화로 뒤엉킨 거리는 파리 최대의 아시아 식품 체인이 성장할 동력을 주었다. 이곳을 기반으로 파리 스토어Paris Store와 떵 프레르Tang Frères라는 업체들이 성장했다. 두 곳에는 각각 중국 남방계, 베트남계 이민자가 대표로 있다. 이제는 두 곳 모두 프랑스 식품 유통 업계에서 무시할 수 없는 위치에 올라, 매년 재계 순위에 등장할 만큼 성장했다. 거리에서 출발한 자본이 다시 거리에 다양한 식재료를 공급한다. 바람직한 순환이다.

마치 유입된 문화가 기존의 것을 밀어내고 자리를 차지한 것처럼 보이지만, 자세히 들여다보면 공생하고 있다. 종교 시설에서 그런 점들이 특히 두드러져 보인다. 예를 들어, 이 지역의 성당에서는 보살을 떠올리게 하는 성모 마리아상은 물론, 동자승을 닮은 아기 예수의 모습도 확인할 수 있다.

프랑스에 도착한 아시아인들은 새로운 문화를 만들고 있다. 그리고 이 뒤섞인 문화를 가로지르며 옛 파리의 경계를 상징하는 철길이 있다. 철길은 한동안 파리의 주요 축이었다. 그러나 지금은 쓰임을 다한 채, 보존과 방치의 경계에 놓여 있다. 버려진 선로를 바라보며 경계라는 것이 얼마나 부질없는지를 다시 생각한다.

철길이 나뉘던 생활권은 새로 생긴 외곽 순환 도로를 따라 변화했다. 증기 기관차와 마차에서 지하철과 트램, 자동차로 옮겨간 것처럼 사람들이 도시를 오가는 방식이 달라졌다. 새로운 경계가 만들어지면, 그 지점을 중심으로 차이가 생긴다.

경계를 긋는 건 우리다.
그리고 그 틀에 갇히는 것도 우리 자신이다.

그저 친구라서 닮은 걸까
아니면 대도시 젊은 세대의 삶이
고만고만한 걸까.

3.
슬프지만 진실

1

어긋난 작명 센스

크리스마스를 앞둔 어느 날, 교수는 갈 곳 없는 딱한 한국인 학생에게 프랑스어로 된 소설책 한 권을 권했다. 가볍게 머리도 식히고 생각도 발전시켜 보라는 의미였다. 문장 구조가 간결했기 때문에 외국인이라도 가볍게 읽을 수 있었다. 더불어 이민자들의 생활 묘사가 잘 되어 있는 책이었다. 그렇게 소설로 파리의 거리를 읽게 됐다.

고즈넉한 북촌, 휘황찬란한 강남처럼, 파리의 주요 거리들도 저마다 이미지를 갖고 있다. 파리 동부에 위치한 벨빌은 이민자의 거주지를 상징한다. 교수의 권유로 읽게 된 로맹 가리 Romain Gary, 1914~1980의 소설 『자기 앞의 생La vie devant soi, 1975』의 배경이 되는 동네다.

주인공의 이름인 '모모'는 '모하메드'의 애칭으로, 무슬림이라는 것을 짐작할 수 있다. 작가는 전쟁 후 넘쳐나는 고아들과 복구 과정에서 생긴 이민자 문제를 모모를 통해 표현했다. 프랑스는 당시 북아프리카 출신 노동자들을 데려왔다. 그들을 중심으로 무슬림에 대한 편견이 퍼지기 시작했는데, 모모가 받는 차별에 당시 사회 인식이 녹아 있다. 모모의 유모로 나오는 유태계 여성 로자에게도 시대가 담겨 있다. 그녀는 전쟁 트라우마를 겪고 있는데, 전후 급속도로 발전하는 사회 속에서도 여전히 고통받으며 살아간다. 소설 속 벨빌은 상처 많은 떠돌이가 모여 사는 동네로 묘사됐다. 이런 장치들을 통해 로맹가리는 파리 안에 도사리는 각종 문제를 제기했다.

이곳에는 프랑스 이민자의 역사가 있다. 제 1차 세계 대전 이후 폴란드, 아르메니아, 중부 유럽에서 온 유태계 이민자의 정착촌인 디아스포라Diaspora가 건설되기 시작했다. 파리 곳곳에도 이들이 자리잡았다. 유태계 이민자에 대한 텃세는 프랑스에도 존재했다. 특히 제 2차 세계 대전으로 파리가 나치 독일에 점령당했을 당시, 극심한 탄압을 받았다. 게슈타포와 독일에 호의적인 프랑스 경찰이 유태인을 체포하러 거리를 헤 맸다. 그렇게 벨빌의 거리에는 근대 유태계 이민자의 아픔이 새겨졌다. 이웃에 위치한 페흐라세즈 공동묘지Cimetière du Père-Lachaise의 제 2차 세계 대전 추모비도 이런 역사와 연관 있지 않을까.

유태인의 기억 위에 옛 식민지 출신 이주민도 스며들었다. 1950년 튀니지 독립 전쟁 이후 고국을 떠난 튀니지인들이 파리에 정착했다. 무슬림 집단 거주의 시작이었다. 벨빌을 포함한 파리 동부에는 이질적인 다양한 문화가 뒤섞이기 시작했다. 개방적인 문화는 1960년대 히피들을 끌어들였고, 아방가르드적인 코드를 파리에 전파했다.

벨빌의 남부에는 카리브해 연안 출신의 이주민과 사하라 사막 이남의 아프리카인이 둥지를 틀었다. 1980년대에는 중국인들이 유입되며 피부색, 종교, 식습관 등 모든 것이 다른 사람들이 함께 사는 거리가 만들어졌다. 현재 벨빌은 파리의 대표적인 멜팅팟이다.

21세기 벨빌은 모모가 살던 거리와 비슷한 듯 다르다. 프랑스 정부가 주도한 재개발은 1970년경 본격화됐고, 모모가 뛰놀던 동네는 흔적을 남기지 않고 쓸려 나갔다. 대대적 개발이 이뤄졌지만, 여전히 다른 파리 지역에 비해 부동산 가격이 저렴한 편이다. 이민자의 거리라는 꼬리표가 달려 있기 때문일까. 역설적이게도 프랑스어로 벨빌은 '아름다운 도시'를 뜻한다. 그러나 역사 속 벨빌이 아름다웠던 적이 있었을까. 이주자들이 만든 거리는 결코 아름다울 수 없는 걸지도 모르겠다.

다른 숨겨진 이야기는 없을까. 센 강 너머로 향했다. 그곳에는 아랍 문화원과 함께 파리에서 가장 매력적인 이슬람 건물, 파리 그랜드 모스크Grande Mosquée de Paris가 있다. 파리 식물원Jardin des Plantes으로 들어가서, 도심 방향으로 쭉 걸어 올라간다. 파리 식물원에는 식물만 있는 것이 아니다. 자연사 박물관, 동물원 등 자연 과학 관련 전시관을 포함하고 있다. 다채로운 전시물을 끼고 계속 걸어가면 후문이 나오고, 이 문은 모스크의 뒷문과 자연스럽게 이어져 있다. 그리고 그곳에 이슬람풍의 찻집이 있다.

찻집은 이슬람 사원을 그대로 옮겨 온 듯 이색적인 분위기를 풍긴다. 아라베스크 양식 타일로 둘러싸인 테이블에 앉아 주위를 둘러보면, 신비로운 내부 장식이 눈에 들어온다. 중간중간 들려오는 낯선 언어가 매력적이다. 그렇게 차 한 잔을 마시다가, 찻집을 운영할 정도로 개방된 사원이면 무슬림이 아닌 사람에게도 입장을 허락해주지 않을까 하는 생각이 들었다. 바로 옆에 있는 모스크로 들어가기로 결심했다.

모스크 입구는 돌담을 따라 쭉 돌아가야 한다. 무슬림과 이교도를 나누는 분위기이기는 했지만, 출입을 금지하지 않았다. 정적인 분위기에도 가볍게 미소 짓는 무슬림이 많았다. 마음이 풀어져 여기저기 기웃거렸다. 기도실, 아동용 교육 시설에도 가 본다. 그러고 있으니 호기심 많은 꼬마가 다가왔다.

"저기, 영어 쓰세요?"

모모 나이 정도로 보이는 조그마한 여자 아이였다. 다른 나라에 살다 보면, 상대가 의도하지 않아도 무례하게 들리는 질문을 종종 받는다. 중국어나 영어로 말하는지를 프랑스어로 묻는 것처럼 이상한 경우는 없지만. 초대받는 기분으로 입장했다는 생각이 들어, 못되게 굴고 싶지 않았다. 그런데 갑자기 소녀가 답을 듣지도 않고 도망갔다. 쑥스러워 보이는 뒷모습이

황당하면서도 절로 미소를 머금게 한다. 적어도 이곳에선 그 누구도 미움과 차별을 받지 않을 권리가 있다.

이제 막 도착한 이주민에게 도시는 낯설다. 날 선 일상에 상처를 입으면 마음은 자연스레 위안을 찾는다. 자신의 종교와 익숙한 문화는 외로운 타향살이를 보듬어주며 낯선 세상에서 자아를 지켜주는 정체성이자 치료제다. 그리고 이주민이 새로운 터전에 적응할수록, 그와 함께 하는 종교와 문화도 새로운 사회에 녹아든다.

파리에 지어진 첫 모스크도 그렇게 스며들었다. 제 1차 세계대전 동안 프랑스와 함께 싸워준 이슬람계에 대한 예의와 존중에서 건설이 이뤄졌다. 프랑스의 관용과 북아프리카인의 신심이 섞여, 파리 한가운데에 이슬람 사원이 건립됐다. 시는 병원이었던 7만 5천 제곱미터의 땅을 사원 부지로 제공했다. 로베르 푸네즈Robert Fournez, 1873~1958, 모리스 멍뚜Maurice Mantout, 1886~1953와 샤를 외베스Charles Heubès, 1862~1948의 지휘 아래 모로코, 알제리, 튀니지 출신 기술자들의 노력이 더해졌다. 모스크 앞에 세워진 표지판에는 북아프리카인을 뜻하는 마그레방 maghrébin의 노고도 잊지 않는다고 써 있다. 이후 프랑스 곳곳에 다른 모스크들이 지어졌다.

그렇다고 파리가 무슬림에게만 유별난 것은 아니다. 더 멀리서 온 불교 사찰이나 러시아 정교회의 예배소도 있다. 종교는 몇 세대에 걸쳐 뿌리내린 이주민, 개종한 프랑스인, 파리에 갓 도착한 외로운 사람들의 심신을 위로한다.

1920년대, 모스크에 첫 돌을 올리던 마음이 무엇인지는 알 수 없다. 반이민주의자들의 주장대로, 노동 조건이 까다로워지던 프랑스인들을 대체할 인력을 끌어들이기 위한 허울 좋은 초대장이었을 수도 있다. 분명한 건, 오늘날 프랑스 이민자 문제의 원인이 인도주의적 정책 탓만은 아니라는 거다. 그 이면엔 인건비, 이민자의 사회 적응 등 다양한 문제가 있다. 프랑스 제국 시절, 식민 착취가 원인으로 작용했을 수도 있다. 종교는 죄가 없다. 사원은 문화를 소개하고, 독특한 경험을 제공할 뿐이다. 편견에 선입견이 다시 씌워지고 있다.

　　나아가고 있는지 제자리걸음하고 있는지 모른 채.

2

메이드 인 프랑스

한번은 이런 일이 있었다. 보르도Bordeaux 근교 와인 직판장에서 만난 전문가가 내 외모를 보고 중국 이야기를 시작했다. 언젠가부터 중국인들이 방문하기 시작하더니, 어느 날 본국에 와이너리를 차렸단다.

　　"중국산 와인이라니, 맛이 있을까요?"
　　"언젠가 중국산 와인도 맛이 좋아질 날이 올 거예요. 이제 시작 단계잖아요. 한두 해 문제를 찾고 나면 뛰어난 와인이 나오겠죠."
　　"그때도 보르도 와인은 유명할 거예요."
　　"물론, 그렇겠죠. 그런데 그게 보르도 와인일까요? 한

예로 오는 길에 보셨던 샤토Château 농장은 중국인이 사

버렸죠. 제대로 된 와인을 생산하지 않아도, 관광객으로

붐빕니다. 여행 성수기가 되면 관광 버스가 몰리더군요.

관광객들은 저마다 보따리를 들고 버스를 타고 떠나요.

그 사람들이 맛보고 느끼는 보르도는 그게 다일 거예요."

와인 업자들은 이런 회의적인 전망을 하고 있었다. 이 대화는

오랫동안 뇌리에 남아 질문을 던졌다. 우리가 알고 있는 식문

화 지식은 과연 영원할까. 몇 달 뒤, 미미씨에 들여다 놓을 차

를 조사하면서 와인 특산지에 관한 대화가 다시 머리속을 스

쳤다. 유럽에 차 문화가 유입된 과정이 아시아의 와인 붐과 비

슷하기 때문이다.

당연한 이야기지만 차의 기원은 아시아다. 여전히 세계에서

제일 많이 소비하고 생산한다. 한·중·일은 고대로부터 차를

즐겨 마셨다. 이를 입증할 문헌과 고증도 탄탄하다. 그렇다고

해서, 아직도 동아시아의 차 문화가 세계 최고라 할 수 있을까.

그렇게 말하긴 어려울 것 같다. 차 문화의 전파에 기여한 것은

유럽의 상인들이다. 아메리카나 아프리카에 찻잎을 가져가고,

생산을 시작했다. 그리고 원류와 다르게 진화했다. 아시아의

다도와 서구의 차 문화는 같다고 할 수 없다. 두 문화의 차이점이 뭔지 파악해야만, 미미씨에 어떤 상품을 들여올지도 결정할 수 있을 것 같았다. 그래서 차에 대해 박학다식한 사람을 찾기 시작했다.

H는 현재 파리 1대학에서 예술학을 전공하고 있는 플로리스트다. 프랑스 꽃집 영업 자격증을 소지하고, 프랑스 대회 수상 경력도 있는 전문가다. H의 식물에 대한 지식은 내가 아는 사람들 중 단연 최고였다.

"내가 찻잎에 대해 뭘 알겠어. 나보다 많이 알고 있는
사람이 있을 거야."

거절을 해도, 나는 H에게 부탁하고 싶었다. 한번은 둘이서 시골길을 산책한 적이 있다. 궁금한 게 많던 나는 눈에 띄는 식물마다 질문을 던졌고, H는 거의 모든 식물의 이름과 용도를 알려주었다. 이후 H가 말하는 식물에 관한 지식을 거의 모두 맹신하고 있다. 나는 아마 H가 국화를 엉겅퀴라고 해도 믿을 것이다.

H는 마레 지구Quartier du Marais로 나를 불렀다. 마레는 파리의 식문화를 대표하는 지역이다. 특히 중심지인 샤틀레Châtelet-les-halles에서 마레로 이어지는 거리는 파리에서 가장 오래된 상점가로, 차를 비롯한 향신료를 판매하는 가게들이 모여 있다. 차 브랜드의 경우는 빅토르 위고의 집이 있던 보주 광장Place des Vosges 주변에 특히 많았다.

H가 읊어주는 프랑스 차 브랜드들의 특징을 곱씹으며 향을 맡는다. 유럽 차의 특징이 블렌딩이기 때문이다. 유럽은 차에 향을 입혀 블렌딩하고 맛과 향을 규격화해 브랜드로 만들었다. 그 덕에 개인의 선호에 따라 다양하게 차를 즐길 수 있게되었다. 무슨 찻잎으로 우려내든 각자의 취향에 맞는 레시피를 만들어 즐긴다니. 유럽인들의 차 문화란 이런 걸까.

결국 나는 차를 사는 게 아니라 찻잔 안에 담을 내 취향을 찾고 있던 셈이다. 당연히 많은 시간이 필요했다. 다행히 H는 참을성 있는 가이드였다. 그의 조언을 듣다 보니, 나는 어느새 레몬향 홍차와 키위향 녹차 사이에서 고민하고 있었다.

"나는 정말 모르겠어. 둘 다 비슷한 것 같은데 말이야."

설명도 읽었고 향도 맡아 봤는데, 과일 향 이외의 차이점을 찾을 수 없었다. 아무리 생각해도, 차를 즐기는 건 품이 많이 드는 취미 같다. H는 그 말에 고개를 끄덕였다.

유럽에 차가 들어온 것은 르네상스 시기로 추정한다. 네덜란드와 영국을 중심으로 차 무역이 시작됐다. 처음에는 귀족들의 사치재였다. 중국에서 유럽까지 육로든 해로든, 공들여야 하는 시간과 거쳐야 할 과정이 상상을 초월했다. 덕분에 차는 무척 귀하고 값비싼 음료였다. 사치재에서 시작된 탓에 지금까지 유럽의 차 문화가 품을 많이 들이게 변형됐다는 설도 있을 정도다.

귀족의 전유물이었던 차는 19세기가 되어서야 대중에게 퍼진다. 제국주의 정책을 통한 식민지 경영 덕분이었다. 영국의 경우, 인도에 플랜테이션 경영을 시작하면서 대량 생산이 가능해졌다. 19세기 중엽에는 아프리카에도 차 농장이 생기기 시작했는데, 현재 프랑스 차 브랜드 다수가 옛 식민지들과 연을 맺고 있는 이유다. 예를 들면, 다만 프레르Dammann Frères나 꽁뚜아 꼴로니알Comptoir Colonial 같은 브랜드들이 여기에 해당한다. 다만 프레르는 첫 매장이 마다가스카르에 있었고, 꽁뚜아 꼴

로니알은 이름부터 '식민지 상점'이라는 뜻이다. 제일 유명한 브랜드인 마리아주 프레르Mariage Frères 역시, 창업주는 식민지에서 들여오는 물품을 판매하는 상인이었고, '베르사유 궁의 채소밭에서 나온 재료로 만든 차'라고 홍보하는 니나스NINAS 역시 찻잎은 해외에서 들여온다.

유럽에는 문익점 같은 선구자가 없었던 걸까. 프랑스 차 브랜드인 빨레 드 떼Palais de Thé는 자사의 블로그에 '차나무에게 유럽은 지옥 같은 풍토'라는 표현으로 이를 설명한다. 유럽산 틴 케이스 안에 담긴 찻잎의 원산지가 유럽이 아닌 이유다. 그러나 고품질의 찻잎을 생산하지 못해도 유럽을 거치며 고급품으로 변신한다.

빼앗겨버린 원조 타이틀에 가슴 아픈 식민사까지.
고급 차 문화의 진실을 알고 나니
마음이 복잡미묘해진다.

3

놀이동산에서 온 초대장

2015년, 파리 동부 지역에 위치한 신문사 한 곳이 극단주의 종교 단체에게 테러를 당했다.

이 사건은 주변부까지 들쑤셔 놓았고, 평화로웠던 시내에는 총탄의 흔적이 남았다. 테러리스트들은 무자비했지만, 한편으로는 우리 주변의 평범한 사람들이었다. 누군가의 자식이며 형제였고, 친구이자 이웃이었다. 그래서였을까, 대다수는 폭력적 행위를 비판했지만 어떤 이는 생판 모르는 그들을 옹호하기도 했다. 테러를 당한 것은 신문사였지만 그 사건은 사회 구성원들 사이에 깊은 불신의 골을 만들었다.

허물어져 버린 공동체 의식을 되살리기 위해 시에서는 이벤트를 개최했다. 도시의 역사와 문화에 대한 강연과 체험 행사를 열어, 이웃 간 만남의 장을 만들겠다는 취지였다. 그러나 그럴싸한 의도와는 달리 참여자들을 위한 배려가 부족했다. 성인을 대상으로 한 프로그램이 평일 오전 10시에 열렸는데, 이는 보통의 직장인들은 참여하기 힘든 시간대였다.

"평일에도 바쁘게 일하는 내가 잘못했네. 나는 파리
시민이 될 자격이 없어!"

다 같이 일을 관두고 공동체 의식만 기르자는 취지가 아니고서야 평일 오전은 적절하지 않았다. 이런 점이 문화 정책에서 가장 많이 비판 받는 부분이기도 하다. 참여 대상을 고려하지 않고 프로그램을 편성한 탓에 모양만 그럴싸한 빈껍데기가 되어 버렸다.

한번은 19구역 아파트 단지의 거주민 조사에 참여했던 적이 있다. 이 아파트에는 저소득층이 많이 살고 있었고, 오래되고 낡은 상태였기 때문에 대대적인 재개발을 앞두고 있었다. 개발에 앞서, 프랑스 정부는 생활 실태를 조사하고자 했다. 교수의 지시로 나와 팀원들은 곳곳을 살펴보러 갔다. 거리에는 다양한 문화 시설이 설치되어 있었다. 그리고 인근 주민들은 공공 시설물을 활발하게 이용하고 있었다. 아니, 그런 것처럼 보였다. 조사를 나간 그 시간대가 주민들이 여가 활동을 즐길 수 있는 시간이었기 때문이다. 소수 인원을 대상으로 한 인터뷰 조사는 시간과 요일을 정하고 진행하면 비슷한 의견만 듣고 모으게 된다. 담당 교수는 중간 평가에서 그 부분을 지적하며 다양한 시간대에 인터뷰를 할 것을 당부했다. 어느 주말 오후, 그렇게 만난 한 시민은 이제까지 조사했던 내용과는 전혀 다른 이야기를 꺼냈다.

"시에서 운영하는 문화 프로그램은 오전에 현장 접수만 받는 거 아세요? 수혜자가 누구겠어요? 애초에 성실하게 납세하고 일하는 일반 시민들은 받을 수 없는 혜택 아닙니까?"

실제로 그랬다. 센터 앞에 가득 꽂힌 팜플렛을 보고 안내 데스크에서 직접 확인도 해 봤다. 저렴한 가격도, 매력적인 이벤트도 아무런 의미가 없었다.

"그래도 시간은 많지만 돈은 없는 무직자나 은퇴자가
혜택을 받잖아요?"

우리는 물었다. 그러나 평일에 일하는 근로자가 실업 수당을
받는 무직자보다 벌이가 더 나은지는 알 수 없다.

"그건 모르죠. 사회 보장 주택에 사는 사람들은 400,
500유로를 내고 방 세 개짜리 집에 살아요. 난 그것보다
두 배는 더 내고 훨씬 작은 집에서 살고 있어요. 심지어
같은 동네인데도 말이에요."

그 시민은 또 다른 사실도 꼬집었다. 실제로 사회보장주택
Habitation à Loyer Modéré, HLM에 살며 실업 수당을 타고, 남은 방을
임대해 수입을 얻는 이들도 있었다. 그런 곳에는 일자리를 찾
아 이주해 온 외국인이 많았다. 법을 따질 새도 없이 비좁은
그 자리에 헤집고 들어간 이들이 얼마나 성실하게 살고 있을
지는 모르는 일이었다. 그렇게 채워진 이웃을 마주하는 그의
삶은 피로해 보였다.

시의 프로그램도 이와 비슷했다. 참여하고 싶은 이벤트에 응

모하면 추첨해서 뽑는 방식이었지만, 평일 오전 행사가 대부분이었다. 때문에 참석자는 노인과 무직자, 또는 학생들로 채워졌다. 파리 인구에서 그들이 차지하는 비율을 고려해 보면, 모두를 위한 것이라 말하기는 어렵다. 그러나 나는 누군가를 위해 열렸을 그 프로그램에 호기심이 생겨 덜컥 참여 신청을 했다.

덕분에 노트르담 대성당Cathédrale Notre-Dame de Paris 앞에 주차장을 짓다가 우연히 발굴된 고대 지하 묘지 유적Crypte archéologique de l'île de la cité이라든지, 기차역을 개조한 주민센터Gare de Reuilly, 철도 옆에 만들어진 재활용 센터La Recyclerie, 그리고 과거에는 인종 전시장이 있었고 현재는 놀이동산인 아클리마타시옹 공원Jardin d'Acclimatation 등에 초대받았다. 특히 마지막 장소를 통해, 나는 파리에 대한 더 폭넓은 시선을 갖게 되었다.

처음엔 놀이동산인 줄 모르고 '기후 순응Acclimatation'이라는 단어만 보고 응모했다. 돌이켜봐도 무슨 이유로 30대 독신 여성인 나에게 어린이 전용 놀이동산 초대권을 주었는지는 알 수 없다. 평일 오전 프로그램에 신청 버튼을 누른 사람은 나밖에 없었던 걸까.

"엄마, 저 언니는 혼자 왔나 봐."

"사람을 손으로 가리키고, 그러는 거 아니야."

처음부터 난관에 부딪혔다. 안내 요원은 혼자 온 나를 어느 가족과 같은 보트에 태웠고, 앞에 앉은 꼬마에게는 조그마한 인공 운하보다 맞은편에 앉아 있는 나의 얼굴이 더 신기했던 모양이었다. 꼬마가 옆에 앉은 엄마에게 속닥거리기 시작했다. 그렇게 그 아이는 보트에서 내릴 때까지 계속해서 나만 힐끔힐끔 관찰했다. 구경거리가 된 기분이었다. 이럴 때면 차라리 노인들이 나은 것 같다. 그들 사이에 끼면 대화라도 할 수 있었다.

"외국 생활이 어렵지? 그래도 프랑스에 이렇게 관심을 갖다니 대견하구나."

"한국인이라고? 내 며느리도 타이완 사람인데…"

이런 식으로 가벼운 인사를 하거나, 때로는 아시아 문화권에 대한 이야기가 나오기도 한다. 오히려 이런 질문들은 계속해서 쳐다보는 아이의 호기심보다 훨씬 편안하다. 아이의 시선은 때로는 너무 순수해서 더 날카롭기도 하다. 결국 인공 운하를 가로지르는 보트 한 개를 끝으로 더 이상 놀이기구를 탈 수 없었다.

차라리 걷기로 했다. 모르는 가족 사이에 끼어 불청객이 된 기분을 느끼고 싶지는 않았다. 온통 어린이용 놀이기구와 아이들로 둘러싸인 곳이었고, 아이들을 빤히 쳐다보면 괜한 오해를 살지도 몰랐기 때문에 사람들을 관찰하기도 어려웠다. 무엇보다 잠시라도 멈춰 서면 구경거리가 되기 일쑤였다. 어린아이들에게는 낯선 외모의 성인이 혼자 놀이동산에 있는 게 신기한 것 같았다. 뭐라도 말을 걸고 싶었는지, 호기심을 참지못하고 "니하오" 같은 말들을 뱉어 냈다.

불편함을 피해 무작정 걷다 보니 공원 전체가 다시 보였다. 이 공원에는 용인의 에버랜드, 광진구의 어린이대공원, 과천의 서울대공원처럼 동물원과 놀이동산이 함께 있다. 놀이기구는 이용 가능한 최소 연령조차 정해져 있지 않은 영유아용이 대부분이었다.

나의 시선을 잡아 끌 무언가를 찾아 두리번대던 중, 안내판을 발견했다. 민속 의상을 입은 원주민들의 모습이 그려져 있었다. 호기심이 내 발걸음을 붙잡았다. 내용을 요약하자면 이렇다. 근대 시기, 대륙 간의 이동이 빈번해지자 새로운 문화를 소개할 기회도 많아졌다. 타 문화와 낯선 인종은 대중의 관심을 끌었고, 이 공원은 한때 인종 전시를 하던 곳이었다.

평등한 권리를 외치며 혁명이 사회 전체를 휩쓸고 지나간 다음에도 인권은 승리한 자를 위한 것이었다. 같은 인간이라도 피부색이나 생김새가 다르면 구경거리가 되었다. 유감스러운 일이다. 공원 곳곳에 있는 안내판들은 역사책 속 서술보다 직설적으로 표현하고 있었다. 과거였다면 나도 아시아인이라는 이유만으로 이곳의 전시품이 되었을 수도 있었겠다 생각하니 기분이 묘해졌다.

공원의 비밀을 알게 된 것 같았다. 이 장소의 이름에 담긴 '기후 순응'이라는 단어는 동식물에게만 해당되는 것이 아니었다. 인류도 다양한 문화를 접하며 공존하는 방법을 배워 왔다. 다름이 구경거리가 되던 시대가 지나 이제는 받아들이고 인정할 줄 아는 시대가 왔다. 이것이 이 장소를 통해 알려주고자 했던 역사라는 것을 깨닫고 나니, 이 프로그램의 초대장이 나에게 제대로 보내졌다는 생각이 들었다.

파리에는 인종 전시와 관련된 공간이 꽤 남아 있다. 에펠탑 앞에 위치한 인류 박물관Musée de l'Homme에서는 지금까지도 비슷한 주제의 전시를 하고 있다. 그러나 이 박물관은 인종과 문화의 차이를 구경거리나 놀이 대상으로 바라보지 않고, 있는 그대로 존중하기 때문에 방문객들이 거부감을 느끼지 않고 차분히 살펴볼 수 있다. 우리 시대에는 서로 다름을 존중하는 게당연한 일이 되었고, 인종 차별은 법으로도 금지되었다.

이것이 샤요 궁Palais de Chaillot과 트로카데로 광장Place du Trocadéro 사이에 인권 광장Parvis des droits de l'homme을 만든 이유일지도 모른다. 광장을 가득 메운, 세계 각지에서 온 다양한 관광객들 사이에서 정면을 바라보니 에펠탑이 우뚝 서 있다. 예전과는 달라진 여러 인종의 인권을 공인하듯이.

그러나 보트에서 만났던 그 꼬마처럼, 여전히 아이들은 자신과 다른 외모의 사람들을 신기한 볼거리로 생각한다. 악의는 없겠지만 별로 달갑지 않은 그들의 "니하오"라는 인사에 상처를 받기도 한다. 그렇지만 아이들도 성장하며 이질적으로 느껴지는 문화를 존중하는 방법을 배울 것이다.

문득 본인은 프랑스인인데 한국 학교에서 누구도 이를 고려하거나 알아주지 않았다던 E의 경험담이 떠올랐다. 적어도 E가 들었던 "헬로우" 같은 인사 정도는 나도 참아줄 수 있지 않을까. 이렇게 생각하면, 순수해서 더 짓궂게 느껴지는 눈빛도 견딜 수 있을 것 같다.

다름을 존중하는 게
더 이상 교양의 영역이 아니라
당연한 것이 되었으면.

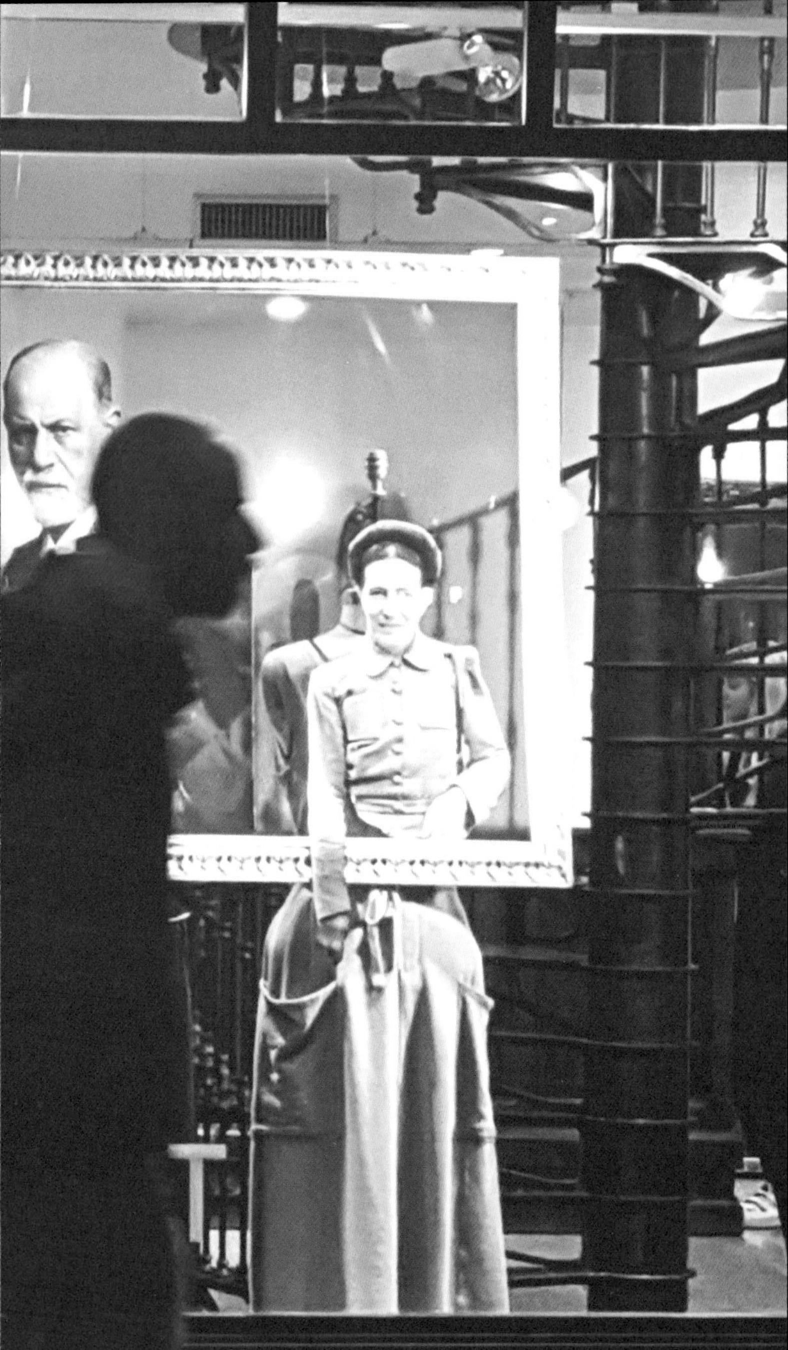

4

봉쥬르 VS 니하오

"니하오."

무심코 던진 한 마디가 하루의 기분을 망치게 한다. 파리에 사는 아시아인들은 니하오에 대해 논문 한 편은 거뜬히 적을 만큼 다양한 경험을 갖고 있다. 심지어 대만 출신 P도 니하오에 불쾌감을 느꼈다고 한다. P가 한번은 니하오를 건넨 프랑스 남자에게 중국과 대만의 정치적 대립 관계에 대해 설명해 줬다며 자랑스레 이야기했다. 왜 우리는 기분을 상하게 하는 인사말에 애써 값진 시간과 노력을 들여야 할까.

이면에 있는 미묘한 속뜻을 찾으려 내 경험을 뒤져본다. 학교를 제외하고 파리의 길거리에서 마주치는 사람들은 때로 거친 모습을 보이기도 했다. '니하오'라는 인사를 건네는 사람 대부분이 이런 부류였다. 역시 교육 수준의 문제 아닐까. 그렇다면, 내가 하루 동안 만나는 낯선 사람 중에 고등 교육을 이수한 사람은 몇이나 될까. 니하오에서 시작된 질문은 꼬리에 꼬리를 물고 이어진다.

2019년 프랑스 통계청Institut National de la Statistique et des Études Économiques, INSEE의 자료에 의하면, 고등학교 졸업 이후 2년 이상 과정의 학위 취득자는 전체 인구의 37.8퍼센트라고 한다. 물론 한국처럼 프랑스의 젊은 세대들도 교육 기간이 점차 늘어나고 있는 추세[13]지만, 여전히 인구의 절반 정도는 고등학교 수준의 교육만을 받았을 뿐이다. 몰이해적인 인사말이 교육 수준과 관계가 있다고 속단하고 싶진 않았다. 그러나 안타깝게도, 나에게 향하는 인사말 가운데 니하오가 차지하는 비율은 통계청 수치와 비슷했다. 그래도 프랑스인의 대다수를 배려가 없는 사람들이라 생각하고 싶지는 않다.

사실 명품 매장이나 백화점 같은 곳에서는 좀처럼 중국어 인사를 들은 적이 없었다. 한번은 파리에서 열리는 한류 콘서트

VIP 라운지 초대장을 받았다. 한류 콘서트였지만, 프랑스 운영사에서 보낸 티켓이었기 때문에 직원들은 내가 한국인이라는 점을 알지 못했다. 라운지 담당 직원은 금발의 백인 여성이었다. 얼굴은 완벽하게 메이크업한 상태였고, 목에는 공연장 브랜드를 상징하는 금빛 스카프를 두르고 있었다. 키는 160센티미터 이상이었는데 작은 굽이 있는 검정 구두를 신고 있었다. 내 키가 그녀보다 작았기 때문에 대화를 하거나 시설을 안내할 때마다 나를 향해 몸을 숙여 이야기했다. 항상 나보다 반보 앞선 상태에서 두 손으로 공손하게 방향을 안내하는 몸짓이 인상적이었다. 영어로 대화를 시작했는데, 어느 순간 프랑스어가 튀어나오자 그녀는 프랑스어로 언어를 바꾸면서 나에게 사과를 했다. 동등하거나 대접하는 자리에 놓인 사람에게 언어 실수를 했다면 사과를 해야 하는 정도의 실례가 되는 게 아닐까. 니하오가 불쾌한 이유는 그 때문인 것 같다.

프랑스 국립 대학에서 사회학을 전공한다는 건, 스스로도 연구 주제가 될 수 있어야 한다는 것을 의미한다. 그러나 프랑스 사회에서 이민자인 나를 말하기에는 나 자신의 경험과 지식이 부족했다. 어느 날, 내 무지함에 화가 난 담당 교수는 개인 과제를 내줬다.

"다음 수업까지 국립 이민 역사박물관Musée National de l'histoire de l'Immigration에 다녀와. 그 후에 다시 이야기하자."

파리 동남부에 있는 뱅센느 숲Bois de Vincennes 바로 옆에는, 황금색 문으로 장식된 이민 역사 박물관이 있다. 이 박물관은 1931년 국제 식민지 박람회Exposition coloniale internationale전시장으로 건립됐다. 당시 프랑스는 식민지의 문화와 주민들을 놀이거리로 전시하며 식민 사업을 선전했다. 그 시절 식민지 사업은 효율 좋은 국책 사업이었다.

황금색 문 뒤로 화려한 식민지풍 사원이 들어섰다. 그 안에는 세대를 거듭해 쌓아 올린 문명이 담겼다. 당연히 거센 반발이 있었다. 식민지 출신 학생들이 비난의 목소리를 높였다. 아이러니하게도 인종 전시를 당한 나라 출신의 유학생들이 같은 공간에서 지식인으로 존재하고 있었다. 소수의 주장은 묵살됐고, 전시는 대중에게 공개됐다. 누군가에게는 소중한, 그러나 프랑스인에게는 낯선 문화는 구경거리로 전락했다.

20세기가 되어서야, 식민지 전시관은 박물관으로 바뀌었다. 과연 얼마나 달라졌을까. 몇몇 공간은 비워지고 새롭게 꾸며

졌겠지만, 그 알맹이가 과연 변했을까. 제국주의는 저물고 식민 지배는 끝났지만 그 문은 여전히 금빛으로 칠해져 있다. 교수가 내준 과제는 다음 질문으로 이어졌다. 언제쯤 타 문화를 배려하지 않는 니하오를 끝낼 수 있을까.

　　나는 아직도 과제를 끝내지 못한 것 같다.

====

5

어느 20대의 이야기

2019년 11월 8일, 프랑스 리옹Lyon에서 학생 한 명이 생활고에 시달리다 분신을 시도했다. 사건이 발생하던 그때, 나는 잠시 한국에 있었다. 자세한 정보도 모른 채 뒤숭숭한 상황만 전해들었다. 모두가 쉬쉬했기에 이 일에 관해 의견을 묻는 건 조심스러웠다. 전신에 화상을 입은 그 학생은 당시에는 살아 있었다.

그는 장학금을 지급하는 대학생활지원센터Centre régional des œuvres universitaires et scolaires, CROUS 앞에서 스스로의 몸에 불을 붙였다. 유서에 따르면 프랑스는 생활 보조비로 매달 450유로의 장학금을 지급했었다. 그러나 같은 해 가을, 학업에 진전이 없다는 이

유로 장학금 지급이 중지되자, 그는 스스로 삶을 끝내려 했다. 프랑스가 정한 최저 생계비는 1,219유로다[14]. 생계 보조를 위해 지급된 450유로와 1,219유로 사이에는 꽤나 큰 괴리가 있다. 보조금으로는 턱없이 모자란 부분을 남은 삶으로 채우려고 했던 걸까. 스물두 살의 꽃피지 못한 청춘은 자기 자신을 불길 안에 가둬버렸다.

사건은 곧 입에서 입으로 대학가를 떠돌았다. 기성 세대에게는 학생들끼리 주고 받는 대화가 충격적으로 다가왔을 것이다. '과연 스스로를 불태울 만큼 절망적이었을까' 하는 학생들의 반응들. 누군가는 이를 두고 장학금의 필요성을 말했고, 몇몇은 개인의 자유와 책임을 주장했다. 그리고 분신한 학생과 그저 같은 수업을 들었다는 이유로 또래의 학생이 TV쇼에 출연을 하기도 했다.

"그 친구에겐 미안하지만, 학사 2학년을 세 번이나
되풀이하면서 장학금을 바라는 건 사치 아니야?"

남미 출신 G는 냉정하게 이 사건을 평가했다.

"세 번이나 같은 학년을 되풀이하는 게 어떻게 가능하지? 제적 아니야?"

"모르지. 분명한 건 그는 최소 4년간 장학금을 받았다는 거야. 나는 그 정도면 충분하다고 생각해. 오히려 다른 학생을 위해 기회를 나누는 게 맞지 않아?"

"네 주변 사람들도 그렇게 말해?"

"모두 같은 의견이야. 너도 알다시피, 나는 지난 여름 내내 매일 새벽 6시에 샤를 드 골 공항Aéroport de Paris-Charles de Gaulle으로 출근했어. 내 집은 파리 남부 끝이라고. 지하철만 2시간 넘게 타고, 하루 종일 일을 해서 500유로의 월급을 받았어. 내 말은 그 학생이 이 정도의 노력을 했느냐는 거지. 너무 불공평하지 않아?"

지난 여름, G는 공항에서 시간당 4유로도 받지 못하는 인턴 생활을 했다. 당연히 급여만으로는 생계를 유지하기 힘들었다. 부족한 생활비를 충당하기 위해 남는 시간에는 아르바이트를 했다. 그마저도 안정적인 직장에 다니는 프랑스인 약혼자가 집세와 생활비를 부담했기에 가능했다. G가 특별히 이기적인 건 아니었다. 학생들만 모여 있는 SNS 채팅방에도 비슷한 의견들이 올라왔다. 아직 살아있는 그 학생에게 미안하지 않냐며 연대 의식Solidarité[15]을 가지라고 비판하는 이도 있었지만, 우리 세대는 연대라는 단어로 포장된 불합리를 온몸으로 느끼고 있었다. 프랑스에서는 연대 정신에 어긋나는 의견은 표면적으로 드러나지 않는다. 특히 사회적 약자와 관련된 복지에 대해서는 부정적인 표현은 삼가야 한다. 그래서 다들 속으로만 곱씹고, 입 밖으로 내뱉지 않는다.

나는 2018년에 개정된 교육법으로 외국인 학생의 학비 인상안이 발표됐을 때를 떠올렸다. 끝까지 함께해 줄 것이라 생각했던 프랑스인 친구들은 학교 재량에 맡긴다는 유예안을 받아들여 타협했다. 외국인 학생의 학비는 언제든 학장과 운영회 판단 하에 인상할 수 있다는 찝찝한 조항을 남긴 채, 파업은 마무리됐다. 소수에게는 가혹한 연대 정신이지만, 목소리 큰 다수에게는 유리하게 작용한다. 이 지점에서 연대 정신에 반하는, 반혁명적 사상이 싹텄다.

이미 모순을 알고 있었다. 그러나 외칠 수 없다면, 입을 닫았다. 2020년 2월 14일, 은퇴법 시위를 막기 위해 학교에 등장한 무장 경찰에 침묵했고, 같은 달 발표된 학생회 블랙 리스트에도 마찬가지였다. 이렇게 1789년 자유, 평등, 박애를 부르짖으며 시작한 혁명이 흔들리는 걸까. 사실 이미 오래 전에 새 장이 시작됐을 수도 있다.

분신했던 학생과 같은 제도로 장학금을 받던 학우를 마주한 적이 있다. 나의 첫 번째 학교 친구 Z였다.

"방금 '사회학 계보' 시간에 있었지? 너도 학사
1학년이야?"

식당 앞 메뉴판의 글씨를 해석하느라 인상을 쓰고 있던 내게, 길고 검은 생머리를 가진 Z가 환하게 미소 지으며 다가왔다. 디지털 시대인 21세기에도 프랑스인들은 손글씨를 선호한다. 오래된 학생 식당도 그랬다. 성의 없는 필기체로 낯선 요리 이름이 쓰여 있으니 제대로 메뉴를 고를 수가 없었다. 먹고 싶어서 시키는 것보다 나도 모르게 고른 음식이 더 많던 나에게 Z는 식탁 위의 천사였다.

"너 심화 수업TD[16]은 언제 들어?"
"T 교수의 화요일 10시 수업!"
"나랑 같네. 같이 점심 먹을래?"

프랑스 대학은 대부분 전공에 따라 강의 계획이 짜여 있다. 전공은 물론, 학년까지 같다면 몇몇 심화 수업을 제외하고는 시간표가 완전히 같다. 자연스레 Z와 점심을 같이 먹게 됐다. 그로부터 며칠 뒤, Z는 갑자기 미안한 표정으로 당분간 같이 식사를 할 수 없다고 말했다. 나는 머리가 복잡해졌다. 무슨 일이라도 있는 걸까. 이유를 묻자 Z는 점심값이 부족하다고 답했다. 2020년 1월 기준으로 학생 식당의 한 끼 가격은 3.3유로다. 편도 지하철 요금 1.9유로로, 자판기에서 파는 500밀리리터 생수는 1유로, 자판기 커피가 0.5유로다. 그때만 하더라도 모든 물가가 지금보다 저렴했기에 나는 이해하기 어려웠다.

며칠간 점심 때마다 안쓰러운 상황이 벌어졌다. 결국, 난 구체적인 사정을 물으며 점심값을 빌려주겠다 제안했고 Z는 미안해하며 장학금이 나오면 갚겠다고 말했다. Z가 말한 장학금이 바로 분신한 학생에게 필요했던 그 생계 보조금이었다. 이른바 '사회적 기준에 의한 장학금Les Bourses sur Critères Sociaux, BCS'으로, 학생이 경제 사정에 개의치 않고 학업에 집중하도록 도와주는 보조금이다. 이는 소득과 교육 수준을 기준으로 지급한다. 대상자 선별 과정이 매년 6월에서 10월 사이에 진행되기 때문에, 신학기인 9월에는 아직 보조금을 받지 못한 학생들이 많았다. 당장 필요한 경우가 많지만, 지급이 바로 이뤄지지 않는다.

2017년 프랑스 정부 발표에 따르면, 같은 해 전체 학생 수의 38퍼센트인 69만 명이 이 장학금을 받았다고 한다. 그렇다고 이들이 전부 같은 금액을 받는 것은 아니다. 학생 환경을 7단계로 구분해 차등 지원한다. 단계가 높아질수록 기준이 까다롭고 대상 인원이 줄어든다. 제도의 취지에 따르면 외국인도 수령 가능하다지만, 실제로 외국인이 수혜자가 되는 경우는 드물었다.

지역 편차도 심한 편이다. 대도시의 경우 타 지역보다 확연히 낮은 비율이 할당된다. 파리와 베르사유Versailles 지역의 장학생은 25퍼센트 정도다. 대도시 권역은 다른 지역보다 물가가 높아 생활비 지출이 많으므로, 같은 조건의 학생이라도 이곳에 거주하는 학생이 더욱 힘들게 생활할 가능성이 높다. 리옹에 거주했던, 분신한 그 학생처럼.

학위 과정이 길어질수록 장학금 대상자가 될 확률은 더 줄어든다. 그래서 이 제도가 애초 취지만큼 가난한 학생에게 도움이 되지 못한다는 비판이 많았다. 2010년대 프랑스 여론은 이 문제로 들끓었다. 그러나 어느 학자도 빈자의 미래를 위한, 보다 평등하고 효율적인 정책을 고안해내지 못했다. 장학금 수혜자이자 사회학도였던 Z마저 이 문제에 대한 고민보다는 빨리 졸업해서 돈벌이를 해야만 한다는 소리를 입에 달고 살았다.

Z는 이민 2세대다. 부모는 프랑스어가 낯선 1세대 이민자다. 어느 이민자 가정처럼 Z는 많은 형제자매 사이에서 자랐다. 그 중 Z가 맏이였다. 프랑스인으로 태어나고 자란 Z는 부모보다 더 좋은 일자리를 구하기 쉬울 것이다. 가족의 생계는 Z의 어깨 위에 달린 셈이었다. 그런 Z에게 대학교 학위는 괜찮은 일자리를 찾을 수 있게 도와주는 명함일 뿐이었다. Z는 틈틈이 사회학 학사보다 수료 과정이 짧은 전문학교Brevet de Technicien Supérieur, BTS 입학 시험을 치고 있었다. 하루는 이유를 물었다.

"일자리 때문이지. 부모님은 내가 빨리 일을 시작하길 바라거든. 사회학과를 졸업해서 뭘 하겠어? 나도 지금 다니는 학교가 좋지만, 나중에 할 수 있는 건 고작 사회 혹은 철학 선생님이지. 적어도 전문학교를 졸업하면 더 일찍 돈벌이를 시작할 수 있으니까."

그로부터 7년 후, 그때는 까마득한 미래였던 오늘을 이야기할 기회가 왔다. 서울로 나를 찾아온 C는 그 시절 학사 1학년들의 현재를 말해줬다.

"M은 한국에 와서 사업을 하다가 프랑스로 돌아갔어."

"방송 출연도 하고 엄청 유명해졌다면서?"

"응, 그랬는데 결국에는… 아무튼 지금은 모두 정리하고 한국을 떠났어."

"K는, 잘 지내?"

"간호사가 되려고 다시 학교에 갔지."

"잘됐네. 안정적인 직업이잖아."

"뭐, 그렇지. B는 캐나다로 가서 꿈꾸던 대로 배우가 됐어."

"캐나다로? 이민 간 거야?"

"응. 드라마 출연도 한대! 유튜브 채널도 있다고 하네. 혹시 A 기억나? A도 트위치에 게임 방송을 하고 있어."

문득 기시감이 든다. 대부분 일자리를 찾아 학교로 돌아가거나 직업에 맞춰 꿈을 버렸다. 일부는 다른 나라로 가고, 또 일부는 새로운 분야에 도전한다. 그리고 그중 아주 소수만 살아남는다. 한국에 있는 또래들처럼 말이다. 다른 사회에서 자란 우리는 왜 이렇게 비슷한 걸까. 그저 친구라서 닮은 걸까. 아니면 대도시 젊은 세대의 삶이 고만고만한 걸까. 어디로도 나아가지 못하고, 어제에 오늘을 이어 붙이며 살고 있는 삶에 속이 쓰리다.

말단이라도 공무원 시험에 응시할 최소 자격을 주는 전문학교와, 그럴싸하지만 시간과 노력이 더 드는 대학 교육 사이에서 고민하던 Z는 무사히 학사 과정을 마쳤다. 이후 소식은 어디서도 들을 수 없었다. SNS 계정 목록에 Z가 여전히 친구로 등록 되어있는 것과는 상관없다. 마치 입학 소개문에는 써 있었지만, 어디에서도 찾을 수 없었던 미래처럼 말이다.

자꾸만 늘어나는 소식 없는 목록에 힘이 부친다.

우리는 빠리의 택시운전사가 될 수 없다

코로나가 한창이던 2020년 3월, 프랑스 정부가 파리국제대학촌 유학생들에게 귀국을 권유했다는 뉴스가 나왔다. 이를 본 지인이 물었다.

"저기, 네가 있던 기숙사 아니야?"

나는 한국에 있었지만 아직 파리 대학교에 소속되어 있기 때문에 프랑스 소식을 받아보던 때였다.

"맞아. 학생들에게 본국으로 돌아가는 것도 권고했어."
"근데, 댓글과는 다르던데. 가짜 뉴스라던데? 어느 게 진짜야?"

둘 다 진짜였다. 사태가 얼마나 길어질지 모르기 때문에 학교는 귀국하는 학생에게 어떤 불이익도 없을 것이라고 보장했다. 마찬가지로 외국에 나가 있는 프랑스 학생에게도 여러 차례 권고가 있었다. 예를 들면, 해외 인턴들에겐 재택 근무를 권유했는데 이 내용은 학교, 학생회, 교수 그리고 친구들에게 여러 번에 걸쳐 전달됐다. 회사가 재택 근무를 거부하면 바로 알리라고 따로 연락하기도 했다.

잠시 잊고 있었다. 프랑스 사회가 묵인하는 500유로짜리 인턴 계약서에도 좋은 점이 있다는 것을. 이 계약서에는 학교와 회사 간의 약속이 들어 있다. 만약 회사가 부당하게 착취하려 한다면, 학교는 언제든 개입할 수 있다. 우리가 서류대로 500유로짜리 존재는 아니었다.

허락도 받았겠다. 집으로 돌아갈 시간이다. 그러나 어디로 향해야 하는지. 빼곡히 할 일이 쓰여 있는 계약서와 달리 앞날은 명확하지 않았다. 선택의 기로에 선 친구들은 저마다의 결정을 내렸다. 강단에 선 Q, 아직 학업 중인 Y는 프랑스에 남겠다고 했다.

"대체 왜?"

지인이 이해가 되지 않는다는 듯이 물었다. 프랑스 정부가 귀국을 '권고'한 이상, 나는 그들의 프랑스 체류 역시 옳다고 생각했다. 아예 짐을 빼는 게 아니라면 이 상황에서는 프랑스에 머무는 게 맞다. 다들 그곳에 직업이 있고, 삶이 있다. 언제든 상황이 나아진다면 돌아가야만 하는 일상이 있다.

국적이 한국이라고 삶도 한국에만 있는 것은 아니다. 다른 곳으로 떠나 체류 기간이 길어지고 인연이 촘촘하게 이어지면, 그곳이 내가 사는 곳이 된다. 프랑스 혁명 당시, 외국인이 프랑스에서 5년 이상 일했을 경우 공화국의 시민이 될 자격을 줬다. 그 사이 법은 많이 바뀌었지만, 기본 정신만은 남아 프랑스 거주증Carte de resident 신청 자격[17]으로 이어졌다.

그렇다면, 이곳에 닻을 내려도 될까. 프랑스어를 처음 배우던 때, 홍세화 씨의 에세이 『나는 빠리의 택시운전사』가 파리 생활의 바이블이었다. 지구 반대편에 우리와 너무도 다른 세상이 있다는 것이 놀라웠고 어떤 곳인지 궁금했다. 직업에는 귀천이 없다지만, 한국의 지식인이 하위 직업군에 일한다는 데서 오는 충격이 컸다. 무엇보다 낯선 사회를 바라보는 시선이 색다르게 다가왔다.

그러나 그 책이 파리로 떠나는 모든 이들의 참고서가 되었다고 한들, 책의 내용이 반드시 정답이라는 보장은 없다. 그를 파리에서 유일한 난민 출신 작가라고 할 수 없는 것처럼, 파리에는 허드렛일로 하루를 살아가는 수없이 많은 엘리트가 있다. 그들은 삶에 대해 각자 다른 견해를 가지고 있다.

그 시절에는 그렇게 살아가는 게 맞았다. 『나는 빠리의 택시운전사』의 주 배경인 1980년대에서 1990년대까지는 모순 속에서 낭만을 찾던 시절이었다. 곰곰이 생각해보면 글을 쓴 작가도, 독자인 우리도 작가의 인생 종착역이 좁은 택시 안이 아니라는 걸 알았기에 책을 집어들 수 있었다. 무엇보다 택시 기사는 생각보다 괜찮은 직업이었다. 프랑스 택시 기사들은 국가가 지정한 시험에 통과해서 면허증을 발급받아야 한다. 응시도 공짜가 아니고 경쟁률도 치열한 편이었다. 면허증 가격은 지역에 따라 다른데, 2010년 초반에는 22만 유로 정도였다. 비싼 가격 때문에 차라리 회사 소속 기사가 되기를 희망하는 사람도 더러 있었다.

그러나 시대가 변했다. 택시 면허증 가격은 공유 경제를 기반으로 한 우버Uber와의 다툼으로 크게 떨어졌다. 몇 달 뒤 16만 유로로 급락했다는 뉴스가 헤드라인을 장식했다. 2018년 파리 택시 면허 가격은 11만 5천 유로 정도로 내려갔다. 택시 전문 매체에 따르면, 이제는 벌이가 아르바이트 시급보다 못하다고 한다.

기존 택시의 종말이 다가오고 있는 걸까. 공유 경제라는 개념이 등장하면서 새로운 대체 교통 수단이 부상하고 있다. 자동차, 스쿠터, 킥보드, 자전거 등 모든 영역에 공유 모빌리티가 확산하고 있는 가운데, 서비스 비용과 그에 따른 사회 부담금까지, 지금 같은 형태의 택시 사업은 더 이상 지속되기 어려워 보인다. 자율 주행 같은 기술 발전도 또 다른 위협 요소로 다가오고 있다.

저물어가는 택시 사업처럼, 삶의 철학도 변하고 있다. 한국과 프랑스는 예전만큼 먼 거리도 아니고, 문화적으로 큰 괴리가 있지도 않다. 요즘 세대는 배낭 하나 짊어지고 땀흘리며 얻은 철학을 열거하는 콘텐츠에 공감하지 않는다. 수천만 원 대의 명품을 거침없이 소비하고 자랑하는 콘텐츠에 열광한다. 좁은 택시 안으로 들어가 진리를 찾으며 웅크릴 필요가 없어졌다는 뜻이다. 어쩌면 우리 시대의 낭만은 노동하며 깨닫는 철학이 아닌 시스템을 부수며 등장하는 아이디어에 있을지도 모른다.

하루는 인턴을 마치고 돌아온 친구가 불평을 쏟아냈다.

"500유로 받고 커피 타다 왔어."

나는 그 친구가 500유로를 받은 것이 불만인 건지, 커피 타는 일이 못마땅한 건지, 그도 아니라면 '500유로 받고 커피 타는 일'을 구한 게 억울했던 건지 알 수 없었다. 적은 급여에 분노해야 하는지, 직무로 주어지는 그 일자리에 불평해야 하는지, 아니면 사회 시스템으로 화살을 돌려야 하는지 종잡을 수 없었다.

평생 동안 타야 할 커피의 총량이라는 게 있는 거라면, 돈이라도 제대로 받고 싶다는 생각이 들었다. 당연히 초기에는 "사업한다면서 왜 커피나 타고 있어요?"라는 질문을 더 많이 받았다. 상상해보자. 죽일 것처럼 격렬하게 토론한 다음날 사장이 타주는 커피를 마신다. 그 과정에서 오는 카타르시스가 없을까. 무엇이든 돈으로 구매할 수 있는 시대라면, 수평적 관계도 저렴하게 구할 수 있어야 하는 것 아닐까. 평등은 지향하는 게 아니라 자연스럽게 얻을 수 있는 것이어야 한다.

솔직히 나는 잘 모르겠다. 어떻게 살아가야 행복한지, 또 어떤 직업을 거쳐야 원하는 걸 쥘 수 있을지. 사회학과를 떠나던 날, 전임 교수인 C는 내가 선택에 고집스럽게 집착한다며 살아갈 도시를 꼭 한 군데로 고를 필요가 없다고 했다. 오히려 한국 아니면 프랑스를 고르려는 내가 요즘 세대 같지 않다고 말했다. 과거에는 C교수의 조언을 꼰대질이라고 생각했다.

그 자리를 박차고 나온 뒤, 살아가야 할 '어딘가'를 찾아 헤맸다. 그러나 결국엔 '어떻게?'라는 질문이 돌아왔다. 내가 하고 있던 건 어디에서 살지가 아니라, 어떻게 살아가야 하는가에 대한 고민이었다.

나는 여전히 커피를 타고, 아직도 인턴 월급과 비슷한 500유로 정도의 수익을 얻는다. 어쩌면 평생 내 수익이 이 언저리에 머물지 않을까 불안하기도 하다. 그래도 이전보다 조금은 나아졌다고 생각한다. 파리를 왔다갔다해야 하는 이유와, 내 마음대로 꾸밀 수 있는 공간이 성과금으로 주어졌기 때문에.

나아가는 걸까. 되풀이하는 걸까. 우리는 아무것도 모른 채 오늘을 살아간다.

2011년,
뭔지 모를 미래에 대한 불안과
사회에 깔려있는 모순이 싫어
프랑스로 떠났다.

소르본 사회학과에서 보낸 6년,
나만의 모험이 닻을 올렸다.

프랑스의 삶은 한국과 별반 다르지 않았다.
뒷면을 보지 않아도 결과가 보이는
허탈한 선택지 앞에 있었다.

그래서 난 새로운 길을 만들어보기로 마음 먹었다.

서울의 골목 한 켠에서
다시 기지개를 켜려 한다.

오늘 난 목동 미미씨로 향한다.

1 프랑스 북서부 지역에 위치한 도시. 브르타뉴(Bretagne) 지역의 중심지로 공작의 성이 위치해 있다. 쥘 베른이 대학에 입학하기 전까지 살던 도시이기도 하다. 루아르강 하류 지역에 위치해 있어 상업과 무역으로도 유명한데, 도시의 개방적이고 상업적인 분위기가 쥘 베른의 모험 소설에 영향을 미쳤다고 평가한다.

2 파리의 대표적인 정기 벼룩시장으로, 생투앵(marché de Saint-Ouen), 방브(marché de Vanves)와 몽트뢰유(marché de Montreuil)가 있다. 그러나 이들은 대부분이 전문적인 업자들이다.

3 프랑스의 대표적인 식품 유통 체인 업체다. 식재료부터 생활용품까지 다양한 물건을 취급하는 종합 마트로, 자체 제작한 상품도 판매한다. 대체로 질과 디자인이 좋아 인기가 많다.

4 프랑스의 대표적인 도자기 생산 지역이다.

5 루브르 박물관의 전체 소장품은 62만여 점이다. 이중 3만 5천여 점만 전시하고 있다.

6 2018년 박물관 총 수입은 2억 4,700만 유로다. 그중 59%인 1억 4,700만 유로가 자체 수익이고 나머지는 국가 보조금이다. 참고로, 자체 수익 중 티켓 판매 수익은 60% 정도를 차지한다.

7 파리에서 제일 큰 광장으로, 샹젤리제와 튈르리 정원(Jardin des Tuileries) 사이에 있다. 원래 이름은 루이 15세 광장(Place Louis XV)이었는데, 광장 중앙에 그의 기마상이 있었기 때문이다. 혁명 이후인 1792년부터는 '혁명의 광장'이라고 불리기도 했다.

8 1789년 시작된 프랑스 혁명은 지도층 내부의 의견 다툼으로 점점 분열되었다. 로베스피에르는 공화국에 반대하는 사람들을 모두 기요틴으로

처형하는 공포 정치를 시작했고, 1794년 여름 6주 동안 1,306명이 나숑 광장에서 처형 당했다.

9 광장을 만든 왕은 '태양왕'으로 불리는 루이 14세다. 1660년 왕이 약혼자와 함께 파리에 입성한 것을 기리며 만들었기 때문에 왕좌의 광장이라 불렸다. 광장 앞쪽에는 파리로 들어오는 성문이 있었는데, 지금 기둥이 있는 부근이다. 이 기둥 아래쪽으로 기요틴이 설치됐다. 나숑 광장과 이어져 있듯이 붙어있는 일-드-라-헤위농 광장(Place de l'île-de-la-Réunion) 부근이다.

10 1793년 10월 16일 마리 앙투아네트 왕비가 단두대로 옮겨지다가 사형 집행인의 발을 밟은 뒤, 위와 같이 사과를 했다. 이 말은 공교롭게도 중의적으로 들리기도 한다.

11 가장 널리 알려진 모델은 네 여신상이 분수대의 지붕을 받치고 있는 형태인데, 이 네 여신은 선함, 자비심, 검소함, 절제를 상징한다. 사계절 내내 누구나 마실 수 있는 무료 식수대라는 선의를 담고 있다.

12 벨 에포크(Belle Époque), 19세기 말부터 제 1차 세계 대전 발발 직전인 1914년까지를 일컫는 표현으로, 프랑스 역사상 가장 번영했던 시기 중 하나다. 당시 사회는 기술, 문화의 발달로 과학, 예술, 지식 분야에서 앞서 나갔고, 식민지 경영으로 압도적인 부를 과시하기도 하다. 에펠탑, 그랑 팔레(Grand Palais), 개선문(Arc de Triomphe) 등 파리를 상징하는 건축물들이 지어지기 시작하던 시기이기도 하다.

13 2019년 25~34세의 고등교육(Bac+2 이상의 수준) 이수 비율은 47.8%로 다른 세대에 비해 높은 편이다.

14 2020년 1월 최저 시급(SMIC, Salaire minimum interprofessionnel de

croissance) 기준.

15 솔리다리테, 혹은 연대 정신이라 한다. 1789년에 혁명과 같이 탄생한 프랑스 공화국의 기본 정신은 자유(liberté), 평등(égalité), 박애(fraternité)였다. 그중 마지막 단어 박애와 공동체의 연대 정신을 뜻하는 솔리다리테는 비슷한 개념이다. 공화국의 기본 정신인 '박애'가 개인의 도덕적 판단에 더 가치를 두었다면, '솔리다리테'는 사회적 가치를 의무화한 개념으로 복지 정책을 시행하면서 보편화되었다. 현재는 프랑스인들의 일반적인 가치 판단 기준이 되었다.

16 프랑스 대학 수업은 크게 CM(les Cours Magistraux)과 TD/TP(les Travaux Dirigés/les Travaux Pratiques)로 나뉜다. CM은 대강당 강의로 해당 전공의 모든 학생들이 참석하며, 교수님들이 진행한다. TD나 TP는 심화 수업으로, 소규모 그룹으로 진행된다.

17 프랑스 거주증을 신청할 수 있는 가장 보편적인 조건은 5년 이상 적법한 방식으로 안정적인 수입을 받으며 체류했다는 걸 증명하는 것이다. 다만, 체류 신분이 학생, 인턴, 단기 취업자 또는 난민인 기간은 제외한다. 요지는 노동을 목적으로 체류를 허가 받은 5년간의 사회 공헌을 인정한다는 것이다.

참고문헌

단행본

1. 니콜라 주냉, 『부자동네보고서』, 김보희 옮김, 다산출판사, 2015.

2. Émile Ajar, *La Vie devant soi*, Paris, Mercure de France, 1975.

3. Jacques Rougerie, *La Commune de 1871*, Paris, Que-sais-je?, 2009.

4. Jean-Marie Cassagne, *Paris-dictionnaire du nom des rues*, Paris, Parigramme, 2012.

잡지 및 일간지

1. Andrée Gobert, *Le commerce parisien à travers les âges, Revue des deux mondes (1829~1971)*, 1958.10.15, pp 697~711.

2. Pascal Moreaux, Naissance, *Vie et Mort des cimetières, Études sur la mort, n° 136*, 2009.2, pp 7~21.

3. Jean-Marc Vittori, *Non, l'euro n'a pas fait flamber le prix de la baguette, Les Echos*, 2019.01.25.

영상

1. ⟨Non, la baguette, le lait ou l'essence ne coûtent pas plus cher à un Smicard qu'en 1980⟩, BFM TV

인터넷 자료

1. 〈Pourquoi y a-t-il eu les guerres de Vendée?〉, Futura sciences. 링크 : https://www.futura-sciences.com/sciences/questions-reponses/epoque-contemporaine-y-t-il-eu-guerres-vendee-5468/

2. 〈L'enquête conditions de vie des étudiants〉, OVE. 링크 : http://www.ove-national.education.fr/lenquete-conditions-de-vie-des-etudiants/

3. Renée Costes Viager. 링크 : https://www.costes-viager.com/tout-savoir/presentation

4. Service-public, Carte de résident. 링크 : https://www.service-public.fr/particuliers/vosdroits/F17359#:~:text=Si%20vous%20r%C3%A9sidez%20de%20fa%C3%A7on,%2C%20assurance%20maladie%2C%20int%C3%A9gration)

5. Gallica 링크 : https://gallica.bnf.fr/

데이터 자료

1, Dominique Alba, *L'occupation des logements sociaux dans les quartiers parisiens de la politique de la ville*, 2020.01, APUR, 2020.

2. APUR, *Les hauteur à Paris: Étude exploratoire-Réglementation, coût global, mixité*, 2017.11, 2017.

3. Pascal Faure, *Etudes économiques: Hausse du nombre de commerces ouverts le dimanche à Paris dans les zones touristiques internationales, Le 4 pages de la DGE*, n°79, DGE, 2017.

4. INSEE, *Une inflation modérée depuis le passage à l'euro, INSEE FOCUS*, n°87, 2017.

5. INSEE, *Diplôme le plus élevé selon l'âge et le sexe*, 2020.

6. INSEE île-de-France, *A Paris, un emploi salarié sur cinq dans les zones*

touristiques internationales, INSEE ANALYSES ILE-DE-FRANCE, n° 52, 2017.

7. Louvre, *Rapport d'activité 2018*, Musée du Louvre, 2019.

* 파리-소르본 사회학과와 팡테옹-소르본 관광학 연구소에서 수집된 데이터를 참고했다.